JUGENDLICHE BRAUCHEN WERTE

BJÖRN WRANGSJÖ

Jugendliche brauchen Werte

Wie Eltern ihren Kindern in der Pubertät Halt und Orientierung geben

Aus dem Schwedischen
von Susanne Dahmann

Scherz

Die Originalausgabe erschien unter dem Titel
«Tampas med tonåringar» bei Natur och Kultur Stockholm.
Einzig berechtigte Übersetzung aus dem Schwedischen
von Susanne Dahmann

Erste Auflage 1997

Umschlaggestaltung: Graupner & Partner unter Verwendung
eines Fotos der Bildagentur Bavaria.

Inhalt

Vorwort

Wir sind alle einmal jung gewesen und erinnern uns an unsere Jugend mit unterschiedlichen Gefühlen: Sehnsucht, Unbehagen, Wut, Fröhlichkeit. Vielleicht erinnern wir uns – zu unserem eigenen Erstaunen – auch an fast gar nichts.

Die meisten von uns kommen in verschiedenen Situationen mit Jugendlichen zusammen. Wir begegnen ihnen als Eltern, als Erwachsene im Zusammenhang mit unseren eigenen halbwüchsigen Kindern oder denen von Freunden und Bekannten. Manche von uns haben mit Jugendlichen in ihrer Funktion als Lehrer, als Betreuer oder Freizeitbegleiter, als Arzt, Psychologe, Sozialarbeiter oder Amtsperson zu tun.

Der Umgang mit Halbwüchsigen kann sehr anregend sein, solange ein Kontakt besteht und dieser fließt oder einigermaßen unkompliziert ist. Es passiert jedoch, daß dieser Kontakt in der Familie, in der Schule oder in einer anderen Konstellation abbricht, und dann wird das Verhältnis belastend – sowohl für die Jugendlichen wie auch für die Erwachsenen. Manchmal wird sogar ein verzehrendes, schmerzvolles und alles überschattendes Problem für alle Beteiligten daraus.

Wenn es darum geht, Kontakt zu Halbwüchsigen aufzubauen, dann darf man nicht auf einfache Lösungen hoffen. Sie sind keine Kinder mehr. Man kann nicht mehr erwarten, sie «da zu finden, wo man sie hinsetzte». Sie sind sehr auf ihre Selbständigkeit bedacht und suchen dann doch wieder auf eine kindliche Art und Weise Halt, die die Eltern daran erinnern kann, «wie es früher war». Halbwüchsige ändern ihre Art, sich zu geben, oft, und jeder Erwachsene muß deshalb den Kontakt zu einem Jugendlichen immer wieder neu beleben. Es kann aber die Suche nach geeigneten Kontaktebenen erleichtern, wenn man etwas darüber weiß, was in Jugendlichen vorgeht, wie das Dilemma der Entwicklung im Jugendlichenalter aussieht und wie Halbwüchsige die Welt der Erwachsenen betrachten.

Ich schreibe dieses Buch aus verschiedenen Perspektiven und Erfahrungen heraus. Seit ungefähr 25 Jahren bin ich als Kinder- und Jugendpsychiater und Psychotherapeut tätig, ich arbeite als Ausbilder für Psychotherapeuten, und ich bin Vater von zwei Töchtern, die vor kurzem zu Hause ausgezogen sind.

Mein Buch ist auf eine psychodynamische Auffassung der psychischen Entwicklung des Menschen und auf eine kommunikationsorientierte Auffassung von der Familie gegründet. Ich hoffe, daß es als eine Art Übersichtskarte benutzt werden kann, welche Erwachsenen, die zusammen mit Halbwüchsigen durch das unübersichtliche Terrain des Zusammenlebens steuern, die Orientierung erleichtert. Wer etwas über die innere Entwicklung von Jugendlichen und ihr Verhältnis zur Erwachsenenwelt weiß, wer die Fallgruben kennt, die in alltäglicher Kommunikation lauern, der kann auch für sich selbst viel mehr daraus gewinnen, wenn er ein Stück des Weges zusammen mit einem Halbwüchsigen geht.

Björn Wrangsjö

KAPITEL 1

Woher und wohin?

Es fällt leichter, sich Halbwüchsigen anzunähern oder den Kontakt zu ihnen zu behalten, wenn man etwas über die psychische Entwicklung im Pubertätsalter weiß. Nun mag man sich fragen, ob darüber nicht schon genug geredet worden sei. Die Jugendlichen waren Kinder und nun sollen sie eben Erwachsene werden. Sie sollen geschlechtsreif werden und lernen, sich wie Erwachsene zu benehmen und Verantwortung zu übernehmen. Sie sollen eine Ausbildung absolvieren und einen Beruf ergreifen. Was denn noch? Jeder einzelne soll darüber hinaus ein ganz eigenes erwachsenes Individuum werden. Die Pubertät ist – abgesehen von der Zeit um die Geburt herum – wahrscheinlich die größte Umstellungsphase im Leben eines Menschen.

Die Entwicklung während der Pubertät kann sehr unterschiedlich verlaufen. Die meisten denken dabei an dramatische Auftritte, Streit mit den Eltern, Opposition gegen die Erwachsenenwelt, eigene – um nicht zu sagen eigenwillige – Kleidung, Hardrock und ein Cliquenleben, das den Jugendlichen für Einflüsse und Werte der Erwachsenen unerreichbar macht.

Natürlich kann das manchmal auf die beschriebene Art vor sich gehen, zumeist verläuft die Pubertät von außen gesehen jedoch sehr viel unauffälliger. Die meisten Jugendlichen wenden sich keineswegs von ihren Eltern ab, obwohl Freunde und Cliquen nun eine große Rolle in ihrem Leben spielen. Der amerikanische Psychologe J. C. Coleman hat das in vielen Untersuchungen nachgewiesen. Sicherlich gibt es auch Streit und Konflikte, aber sie beherrschen meist nicht das Zusammenleben. Die Mehrzahl der Halbwüchsigen handelt nach und nach immer selbständiger und bildet eigene Ansichten, ist aber gleichzeitig noch aufgeschlossen gegenüber den Wertvorstellungen der Eltern. Also ist die Pubertät vielleicht gar keine so dramatische Zeit? Doch, das ist sie. Im Innern.

Für die innere Welt bringt die Pubertät immer dramatische und umwälzende Veränderungen mit sich, aber diese müssen nach außen nicht unbedingt sichtbar werden. Zeitweilig kann das Verhältnis zwischen einem Halbwüchsigen und seinen Eltern, Lehrern, Betreuern oder anderen Erwachsenen gespannt und unerfreulich sein. Als Erwachsene fragen wir in einem solchen Fall: «Gibt es etwas, was wir anders machen sollen?» Die Antwort kann lauten: «Vielleicht. Vielleicht auch nicht.» Meiner Erfahrung nach kann immer irgend etwas anders gemacht werden.

Manchmal reißt der Kontakt völlig ab, und das kann so weit gehen, daß es unmöglich wird, die Beziehung aus eigener Kraft wieder aufzunehmen. Das gegenseitige Mißtrauen kann so groß geworden sein, daß Bücher oder Gespräche mit Freunden nicht mehr weiterhelfen. Dann sollte man professionelle Hilfe suchen. In diesem Fall würde ich Eltern raten: Geben Sie nicht nach, wenn Sie das Gefühl haben, daß es notwendig ist, professionelle Hilfe zu suchen. Lassen Sie sich nicht davon abschrecken, daß Ihr Sohn oder Ihre Tochter ankündigt, daß er oder sie sich weigern wird mitzukommen und Sie statt dessen auffordert, sich zu «verpissen», oder auf ähnliche Weise Unmut äußert. Manchmal können die Jugendlichen wegen ihres Selbstwertgefühls keine andere Haltung einnehmen. Wenn Sie nicht nachgeben, besteht immerhin die Möglichkeit, daß Sie einen äußerlich unwilligen und maulenden Jugendlichen dabei haben werden, der in seinem Innern höchst dankbar ist, daß Sie sich behauptet haben und der Familie eine weitere Chance geben, der aber lieber sterben würde, als das zuzugeben. Ebenso wünsche ich mir, daß Erwachsene sich gegenseitig unterstützen, wenn es um problematische Beziehungen zu Jugendlichen geht, ob das nun in der Schule, in der Freizeit oder bei anderen Gelegenheiten ist.

Woher kommen die Probleme?

Der Jugendliche kommt aus dem Land der Kinder und ist auf dem Weg in die Erwachsenenwelt. Uns Erwachsenen, die wir diesen Prozeß beobachten oder an ihm teilhaben, stellt sich dabei das Problem, daß das Land der Kinder für uns ein mehr oder weniger vergessener Kontinent ist. Natürlich haben wir Erinnerungen an unsere Kindheit und die Erzählungen von Eltern oder Geschwistern. Das Gefühl selbst aber können wir nur schwer nachempfinden, geschweige denn uns im Detail ins Gedächtnis zurückrufen, wie das Leben war, als wir nichts anderes kannten als das Land der Kinder.

Deshalb versuche ich hier, das Land der Kinder

wenigstens im Ansatz nachzubauen. Dies hat der amerikanische Psychoanalytiker und Kleinkindforscher Daniel Stern in seinem Buch «Tagebuch eines Babys» einfühlsam und kompetent getan.

Die Welt vor der Sprache

Stern meint, daß wir als ganz kleine Kinder unsere Umgebung als Musik erlebt haben: Weiche, wiegende Rhythmen in der Stimme der Mutter, das Geräusch ihrer Atmung, Tempo und Gefühl von Berührungen, das Rauhe und Dröhnende in der Stimme des Vaters. Alle erfuhren wir das schwindelerregende Gefühl, hochgehoben, gehalten und betrachtet zu werden. Wir haben das Leben durch das Gesicht des anderen erlebt, durch die Augen, den Mund und alles, was signalisieren konnte: «Bist du da, siehst du mich, kommst du zurück?» Die Worte hatten zu dieser Zeit noch keine andere Bedeutung als ihre Musik, und die ging direkt in unseren Körper ein – der kurze Laut eines «Nein» oder eines «Laß das», das warme, schmeichelnde «Es wird alles gut». Es gibt auch die Abwesenheit von Musik. Stille, Nichtigkeit – niemand ist in der Nähe. Die Musik in uns konnte langsam verklingen, wenn nicht neue Geräusche, Klänge oder Rhythmen im Zusammenhang mit den anderen entstanden, den Eltern oder anderen wichtigen Menschen.

Als Kleinkind lernten wir, darauf zu vertrauen, daß es uns in jeder Sekunde gab und daß wir immer weiter existieren würden, daß alle unsere Körperteile zusammenhingen und man sie dazu bringen konnte, so zu funktionieren, wie man es wünschte. Außerdem wurden wir immer besser darin, unserer Mutter zu signalisieren, wie sie uns behandeln sollte, wann sie es gut oder weniger gut machte.

Jetzt beobachten wir den Ausdruck auf Mamas Gesicht. Sie sieht uns auf eine besondere Weise an. Sie zeigt auf etwas und möchte, daß wir dorthin schauen. Plötzlich verstehen wir, was sie meint, wir folgen ihrem Finger mit dem Blick und entdecken den roten Ball. Wir schauen in Mamas Gesicht. Ganz offensichtlich war es das, was sie meinte. Wir sind beide sehr froh. Wir verstehen einander. Als Kind verstehen wir jetzt – und das konnten wir vorher nicht –, daß man andere dazu bringen kann zu merken, daß man etwas will und auch was man will. Jetzt sind wir außerdem soweit, daß wir verstehen, was unser Gegenüber will.

Manche Kinder, die an sogenanntem kindlichen Autismus leiden, können diesen Schritt nicht vornehmen. Sie empfinden keine klare Unterscheidung zwischen den Menschen und anderen Lebewesen und können nicht begreifen, daß es Ursachen und Bedeutung in dem gibt, was andere tun. Andere Kinder, mit dem sogenannten Asperger Syndrom, sehen, daß es etwas zu verstehen gibt, daß der andere etwas will, aber sie können nicht begreifen, was es ist. Etwas zu verstehen und sich selbst verständlich zu machen ist für sie ungeheuer mühsam. Die Absichten der anderen zu erkennen bedeutet weit mehr, als nur Signale auszutauschen. Man beginnt zu kommunizieren. Die Welt wird größer, innen und außen.

Dann kommen die Worte, und nichts ist mehr so wie früher. Die Worte werden immer notwendiger, wichtiger und dringender. Für Kinder führt der Weg in die Zukunft über die Sprache. Durch Worte können wir uns auf eine sehr viel genauere Weise verständlich machen. Aber die Sprache verdrängt auch viel. Das Gefühl der Ganzheit, der ungeteilten Musik im Körper kann nur schwer wieder eingefangen werden, und die Worte ersetzen nur einen Teil dieses Gefühls. Manchmal verkündet die Sprache eine Botschaft, die mit dem Gefühl der Musik im Körper nicht übereinstimmt. Dann fühlen wir uns zerrissen, der Bauch tut uns weh oder die Luft bleibt uns weg. Soweit Daniel Stern.

Als Kinder schreiten wir immer weiter fort und vervollständigen unsere Fähigkeiten, aber eine Empfindsamkeit für die Musik im Zusammenleben bleibt. Der Wortschatz, mit dessen Hilfe wir uns verständlich machen und verstehen können, was in der Welt vor sich geht, wächst. Die Welt wird größer, nicht nur durch die neugewonnenen Erfahrungen, sondern auch durch die aus unserer biologischen und neurologischen Entwicklung resultierenden neuen Wege zu denken und zu erleben. Das Gedächtnis wird ausgebildet und ist nun nicht länger eine bloße Erinnerung daran, wie Dinge vor sich gehen, die «im Körper sind» oder Bewegungen oder «alte Musik» hervorrufen. Wir können uns jetzt aktiv an Dinge und Geschehnisse erinnern, wir können in unserem Gedächtnis suchen. Gleichzeitig haben wir auf eine neue Weise Angst, wir können phantasieren. Es stehen uns die Bausteine zur Verfügung, über uns selbst nachzudenken und uns selbst von außen zu betrachten –

eben die Fähigkeit, die uns Menschen von den Tieren zu unterscheiden scheint. (Was die Tiere hierzu zu sagen haben, wissen wir leider nicht.)

Durch die Erlebnisse vom Zusammenspiel mit uns wichtigen anderen Menschen haben wir in uns eine Welt eingerichtet. In dieser inneren Welt gibt es die, die früher da waren (und es noch sind), und jetzt auch andere wichtige Menschen – vor allem Eltern, Geschwister und wichtige Freunde. Sie bilden dort unsere inneren Stützen: den Wegweiser, Beschützer, Tröster, Freudenbringer, aber auch unsere inneren Verfolger: die Kritiker und Ankläger und im schlimmsten Fall Mörder. Diese inneren Begleiter, unsere Beziehung zu ihnen und unsere Gefühle ihnen gegenüber bilden den Resonanzraum für das alltägliche Erleben des Zusammenspiels mit unserer Umwelt. Der Aufbau eines inneren Repertoires an Erfahrungen ist eine wichtige Entwicklungsaufgabe für uns als Kinder. Diese Erfahrungen werden den Grund für Fähigkeiten bilden, auf die wir uns immer mehr werden verlassen können, je mehr unsere Selbständigkeit wächst.

Ein Teil dieser Erfahrungen wird in Form der inneren Begleiter festgehalten, die ich nach ihren Funktionen in unserer inneren Welt benannt habe. Wie sie später ein Teil und eine Voraussetzung für die Entwicklung der Selbständigkeit während der Pubertät werden, darauf will ich noch eingehen. Natürlich können wir sie kaum bewußt in uns erkennen, und es handelt sich auch nicht um einfache oder getreue Kopien von wichtigen Menschen in unserer Umwelt, sondern sie gründen vielmehr auf unserem Erleben der Funktionen dieser Menschen und ihrer Bedeutung für uns. Der *Tröster* entsteht nicht nur aus «Mama», sondern aus dem Erleben eines

Zusammenspiels mit anderen, von denen wir uns getröstet fühlen. Die Psychoanalytiker pflegen davon zu sprechen, daß das Geschehen «dahinter», auf der «inneren Bühne», wo alle wichtigen Begleiterfiguren ihren Auftritt haben, unbewußt sei. In unseren Träumen kann es zwar einen konkreten Ausdruck finden, dort aber sind die inneren Begleiter oft maskiert, und was sie in unseren Träumen zu sagen haben, darüber führt ein enger Mitarbeiter des Anklägers Regie: der *Zensor.*

Gewöhnlich spüren wir den Nachklang dieser verinnerlichten und eigenhändig geformten Figuren in uns nur als wechselnde Stimmungen. Daniel Stern vergleicht den Stimmungswechsel bei Kindern mit dem Wetterwechsel. Sturm und Unwetter werden von Sonne und Wärme abgelöst. Eisige Winde lassen uns erstarren, starke Winde reißen uns mit sich.

Indem wir eine gewisse Macht über die Worte erwerben und besser ausdrücken können, was wir erleben – unter anderem dadurch, daß wir unsere Erfahrungen in Form von inneren Begleitern festgehalten haben –, beginnen wir, die Sprache auf eine bestimmte Weise zu gebrauchen. Wir benutzen sie, um uns selbst in der Welt zu sehen. Als Kinder fangen wir an, von «ich» und «mir» zu reden. Wir können Mama, Papa und anderen laut und uns selbst still berichten, was wir erlebt haben und was sich in uns regt. So gewinnt es Kontur. Bevor wir ein Erlebnis mit Worten wiedergeben können, haben wir es oft nicht richtig verstanden, sondern nur dunkel erahnt. Was aber von einem Erlebnis als das übrig bleibt, was sich nicht in Worte fassen läßt, ruht weiterhin im Körper als eine weitere unformulierte Version dessen, was wir erlebt haben. Wenn wir älter werden, können wir sogar in Schwierigkeiten geraten, weil die äußere, formulierte Version dessen, was wir erlebt haben, sich zu sehr von der inneren, unformulierten unterscheidet.

Ein Vorgeschmack auf das Erwachsenenleben

Das Kind ist nun im Kindergartenalter und fühlt sich in seinem Körper zu Hause. Wir vertrauen auf unsere Art, uns zu bewegen, auf unsere körperliche Aktivität. Wir haben ein ausgewogenes Vertrauen in die Umwelt erlernt. Wir können unseren Willen anwenden und wagen auch, es zu tun. In mäßigem Umfang halten wir es aus, uns zu schämen, wir haben Vertrauen in unsere Neugier und wagen Dinge. Wir sind bereit für den ersten Vorgeschmack auf das Erwachsenenleben. Psychologen sprechen von der «ödipalen Phase».

Auf unserer inneren Bühne werden wir nun mit dem *Begehrten* und dem *Rivalen* konfrontiert. Zuvor haben wir uns vielleicht manchmal sehr nach unserer Mutter oder unserem Vater gesehnt. Wir haben bemerkt, daß andere – vielleicht Geschwister – dazwischen kamen und mit uns im Kampf um Aufmerksamkeit und Zuneigung konkurrierten. Wir haben unseren Körper erforscht und wissen, wie gut es sich darin anfühlen kann. Aber jetzt kommt etwas hinzu. Der *Begehrte*, gewöhnlich die Mutter oder der Vater, wird mit einem neuen Gefühl versehen, das allmählich zu Verliebtheit und ausgewachsener Liebe wird. Dieses Gefühl kann im ganzen Körper auf eine besondere Weise gespürt werden und umfaßt auch die Geschlechtsorgane.

Der *Rivale,* Vater oder Mutter, wird ebenfalls mit

einem neuen Gefühl erfaßt. Das Neue ist hierbei nicht zunächst die Aggressivität, die Lust, den anderen loszuwerden oder zu beseitigen, sondern die eigene Zerrissenheit in diesem Gefühl. Für den Jungen birgt der Wunsch, den Vater loswerden zu wollen, um die Mutter zu gewinnen, einen schweren Konflikt. Er läuft Gefahr, den unersetzlichen äußeren Wegweiser in der Erwachsenenwelt zu verlieren, der darüber hinaus ein geliebter Wegweiser ist und auch eine Seite des inneren *Wegweisers* werden könnte – nicht zuletzt in Fragen der eigenen Männlichkeit. Der Wunsch, den Vater loszuwerden, bringt einen der inneren Verfolger auf den Plan, den *Ankläger.* Das Ergebnis des stillen inneren Gerichtsverfahrens lautet, daß der Junge freigesprochen wird, wenn er akzeptieren kann, daß er selbst ja noch viel zu klein ist (ärgerlich und kränkend) und die Mutter trotz allem dem Vater gehört (traurig und schmerzlich) und daß er am besten die ganze Geschichte vergißt. Als Pflaster auf die Wunde erhält er einen Vorgeschmack auf das Erwachsenenalter: «Irgendwann werde ich auch einmal ...». Der *Ankläger* geht dann zu einer mehr passiven Überwachung über, ist aber immer bereit, erneut einzuschreiten, wenn der Junge sich nicht an die Absprachen hält. Als Strafe droht er mit dem Verlust der Geschlechtsorgane – so die Phantasie des Jungen.

Das äußere und das innere Geschehen des Mädchens gleicht dem des Jungen in mancher Hinsicht, unterscheidet sich aber in wichtigen Punkten. Das Mädchen kommt aus einer anderen Erlebniswelt und einer anderen inneren Landschaft als der Junge. Seine Körpererfahrung, sein Empfinden für «die Musik» und die Sprache ähnelt der des Jungen, aber das Mädchen scheint doch tiefer im Körper und der «Musik» zu ruhen und ist von Worten weniger beeindruckt. Das liegt daran, daß Worte oft trennend wirken, und dies liegt Jungen vielleicht mehr. Mädchen scheinen sich eher für das Vereinigende zu interessieren, vielleicht um sich die Fähigkeit zu bewahren, auf das kleine Leben hören zu können, das irgendwann einmal in ihnen wachsen könnte. Der *Ankläger* verfährt mit dem Mädchen weniger streng, denn sein Harmoniewunsch macht es weniger destruktiv im Umgang mit seiner Umwelt, während Jungen aggressiver und nach außen gerichtet zu sein scheinen. Das Urteil fällt milder aus, das Verlangen, die ganze Geschichte (Papa als der *Begehrte* und Mama als die *Rivalin*) zu vergessen, scheint nicht so stark.

Auch das Mädchen erhält einen Vorgeschmack auf das Erwachsenendasein. Die Strafe bei Nichtbeachtung des Urteils ist unklar, denn seine Geschlechtsorgane verwahrt es sicher in sich selbst. Manchmal vergißt es das jedoch und hegt den Verdacht, daß es eigentlich ursprünglich so aussah wie ein Junge, aber daß irgendeine mißgünstige Person ihm die Geschlechtsorgane weggenommen habe. Das kann vor allem dann leicht passieren, wenn es Jungen beneidet, die in dieser Welt so viele Vorteile zu genießen scheinen.

Als Kinder spielen und trainieren wir auch sexuelles Verhalten in Form von Doktorspielen und «wenn ich dich anschauen darf, darfst du mich anschauen». In gewissem Abstand von dem *Begehrten* und dem *Rivalen* erlernen wir sexuelle Erregung und andere Dinge über unseren Körper. Der norwegische Psychologe und Sexualforscher Thore Langfeldt behauptet, daß, obwohl wir heute ein offeneres Verhältnis zur Sexualität haben als früher, es dennoch eine mehr oder minder subtile

Sexualfeindlichkeit gebe, die die spontanen sexuellen Spiele der Kinder behindere – Spiele, die laut Langfeldt nicht selten auch bei Kindern zum Orgasmus führen.

Die richtigen Knöpfe im Zusammenleben drücken

Den ersten Vorgeschmack auf das Erwachsenenleben mehr oder weniger gut im Gedächtnis (aber als ein neues Gefühl im Körper und als eine neue Klangfarbe in der Musik verankert), bewegen wir uns als Kinder weiter fort. Die inneren Begleiter haben Gesellschaft von neuen bekommen, die sich aus den alten heraus entwickelt haben. Es gibt jetzt die innere *Prinzessin* oder *Heldin* und den *Prinzen* oder *Helden* und nicht nur den *Ankläger*, sondern auch den *Lobenden*. Die Zeit bis zur Pubertät ist davon geprägt, daß die Galerie von Begleitern in unserer inneren Welt auch eine äußere Form erhält durch die Bilder, die entstehen, wenn wir Märchengestalten in Büchern, Filmen oder im Fernsehen kennenlernen.

Unsere Aufmerksamkeit ist in dieser Zeit nicht so sehr auf das Innere gerichtet, sondern auf alles, was wir in der äußeren Welt in den Griff bekommen müssen. Es gibt so viel zu lernen: wie man mit menschlichen Beziehungen umgeht, wie man sich in verschiedenen Situationen verhält, wie mechanische Dinge funktionieren, wie die Natur aufgebaut ist und wie sie funktioniert. Der Körper, wie er sich bewegen kann, was er tun kann, wie er im Zusammenspiel mit all den mechanischen Dingen reagiert. Wir lernen, gewissermaßen die richtigen Knöpfe in verschiedenen Situationen zu drücken, und wir lernen, alle diese Knöpfe des Zusammenlebens zu bedienen. Funktionieren sie auf unsere Anweisung, dann steigert das unser Selbstbewußtsein und das Vertrauen in unser eigenes Können. Funktionieren sie nicht, dann sind wir verunsichert, scheu und voller Zweifel und bekommen unter Umständen Minderwertigkeitsgefühle.

Uns zur Seite steht ein wachsender Verstand, der uns hilft, Zusammenhänge auf eine neue Weise zu durchschauen. Außerdem sind wir noch lange «verschont» von dem spekulativen Denken der Pubertät: «Stell dir vor...» Wir können uns völlig auf die konkrete Wirklichkeit als Leitfaden in den Verbindungen von Erfahrungen und Fähigkeiten konzentrieren, bevor die äußeren und inneren Herausforderungen der Pubertät an uns herangetragen werden. Alle diese Erfahrungen helfen, den *inneren Wegweiser* auszubilden – diejenige Instanz in uns, die unsere Bedürfnisse und Wünsche gegen die Urteile des *Anklägers* und des *Lobenden* aufwiegen und die uns helfen wird, uns in der äußeren Welt mit all ihren Forderungen und Möglichkeiten zurechtzufinden. Ärgerlicherweise sind wir in diesem Alter noch nicht ganz so schlau, listig und verständig, wie wir selbst glauben, weshalb wir auf die Erwachsenenwelt manchmal ziemlich unausstehlich wirken.

Der Begriff *innerer Wegweiser* muß erklärt werden, denn ich benutze ihn mit einem besonderen Unterton. Diese Instanz gründet auf das Vermögen des Ich, die Geschehnisse der äußeren Welt zu erfassen, zu unterscheiden und zu analysieren. Der *innere Wegweiser* entsteht aus unserem Bewußtsein von uns selbst und unserem inneren Erleben, unseren Phantasien, Bildern und Erinnerungen. Aber er ist noch mehr. Er verfügt über unsere unausgesprochenen Fähigkeiten, unsere Intuition und die innere Weisheit, die tief in der Psyche eines Menschen verborgen sein kann, egal wie alt oder jung dieser Mensch ist. Ich meine, daß die Funktionen des *inneren Wegweisers* über das hinausreichen, was wir gewöhnlich die Grenzen unserer individuellen Person nennen, und daß er daher auch unsere existentiellen Dimensionen bei der Wahl des Weges berücksichtigt. Der *innere Wegweiser* bildet sich aus der Summe aller unserer Persönlichkeitsfunktionen.

KAPITEL 2

Auf dem Weg zu Selbständigkeit und Identität

Auf eine neue Weise denken

Das Kind kommt aus dem Land der Kinder und nähert sich dem Erwachsenenleben. Dieser Übergang wird durch eine Reihe von Entwicklungsschritten möglich, die hier kurz behandelt werden sollen.

Wenn die Zeit der Pubertät näher rückt, beginnt das Kind, sich auf eine neue Weise zu sehen. Im Alter von ungefähr einem Jahr bemerkt es sich zum erstenmal selbst. Es sieht sich in einem Spiegel und begreift plötzlich auf eine dunkle und nicht in Worte zu fassende Weise: «Das hier ist niemand anders, das bin ich.» Dieser Prozeß ist durch ein bekanntes Experiment festgehalten worden. Wenn man dem Kind einen roten Fleck auf das Kinn malt und es vor einen Spiegel stellt, dann setzte es bis dahin den Finger interessiert auf den roten Fleck im Spiegel. Nun aber faßt es an sein eigenes Kinn und zeigt damit, daß es auf eine neue Weise zu sehen gelernt hat. Hier wird, wie gesagt, der Grundstein zur Selbst-Bewußtheit gelegt, einer Fähigkeit, die uns von den Tieren unterscheidet. Tiere können vielleicht

Dinge verstehen, Gefühle zeigen und denken, aber sicher nicht sich ihrer selbst bewußt sein.

Auch das Nervensystem kann nun auf eine neue Weise funktionieren. Es vermag weitergehende und übergreifende Verbindungen herzustellen und so die Ausbildung neuer Denkqualitäten anzuregen. Ein solcher Entwicklungsschritt geschieht zum Beispiel im Alter von ungefähr neun Jahren, wenn das Kind sich auf andere Weise mit anderen zu vergleichen beginnt. Jede Gelegenheit, sich selbst neu zu sehen, bringt nun Sorge und Verunsicherung mit sich, eröffnet aber gleichzeitig neue Möglichkeiten.

Kinder mit einer Behinderung haben es in dieser Zeit oft besonders schwer. Bisher haben sie erlebt, daß sie manche Sachen nicht so tun können wie andere, aber das war ein klarer, wenn auch schmerzlicher Teil ihres Alltags. Jetzt aber müssen sie plötzlich feststellen und begreifen, daß und inwiefern sie anders sind. Die Behinderung kann zu einem Teil ihres Selbstbildes werden.

Der Jugendliche beginnt seine Eltern mehr und mehr als Gleichgestellte zu erleben. Die Eltern benehmen sich manchmal plötzlich wie ganz gewöhnliche Menschen, die ein eigenes Leben voller Freuden und Probleme führen. Das Kind ahnt auf einmal, daß Mama und Papa vor allem Menschen mit guten und schlechten Seiten sind und nicht zuallererst Eltern, die neben ihrer Funktion als Mama und Papa nur manchmal noch etwas anderes vorhaben. Dies ist der erste Schritt zu einem Selbständigkeits- und Desillusionierungsprozeß, der sich dann die ganze Zeit der Pubertät hindurch fortsetzt. Alles ist anders, neue Möglichkeiten tun sich auf, und die Zeit der Kindheit läuft ab.

Der nächste deutliche Schritt in der Pubertät wird

erkennbar, wenn die Jugendlichen auf eine neue Art beginnen, abstrakt zu denken. Als Kinder haben sie schon lange «Vater, Mutter, Kind» gespielt, ein Spiel, in dem die Grenze zwischen dem Phantasiedenken und der Wirklichkeit nur zufällig aufgehoben war. Die Heranwachsenden nun können abstrakte Denkspiele und logische Argumentationen aufgrund von vollkommen unwahrscheinlichen und unlogischen Voraussetzungen ausführen, ohne sich daran zu stören, daß ihre Vorstellung nicht in die Wirklichkeit umzusetzen ist. Es steht ihnen die ganze Welt der Ideen offen mit ihren Gesellschaftsutopien, Ideologien, Werten, religiösen Vorstellungen und vielem mehr. Der Jugendliche muß auch sich selbst nun in dem Licht dieser neuen Denkungsart sehen. Er entwickelt ein intensives Bewußtsein seiner selbst, wie er oder sie nach außen hin wirkt, und erlebt dabei oft Peinlichkeit oder Scham. Von den Blicken anderer fühlt er sich durchschaut und hat oft das Bedürfnis, sich zu verbergen. Aber wenn er auch dem Blick Außenstehender manchmal entkommen kann, so doch nicht der neuen Perspektive von sich selbst – die muß erforscht und verinnerlicht werden.

Es entsteht so eine neue Stufe abstrakten Denkens, die zu verschiedenen Zeitpunkten während der Pubertät in Erscheinung tritt. Manche Jugendliche bekommen diese neue Denkart nie richtig in den Griff, sondern verfolgen ihre Gedankengänge bis zum Eintritt ins Erwachsenenalter weiterhin ganz konkret.

Der Körper verändert sich

Beim Eintritt in die Pubertät ist nicht das Alter wichtig, obwohl gerade der Übergang von zwölf zu dreizehn große symbolische Bedeutung haben kann. Und obwohl ich meine Beschreibung der Pubertät mit der neu entwickelten Art zu denken begonnen habe, ist auch dies nicht, was in erster Linie die Veränderungen widerspiegelt und beweist. Entscheidend sind Entwicklung und Reife des Körpers und die Tatsache, daß die psychische Ausbildung hier zunächst nicht immer Schritt hält.

Die körperliche Entwicklung in der Pubertät ist so bekannt und häufig beschrieben, daß ich hier keine Details oder Zeittabellen vertiefen will. Der Körper legt einen Endspurt im Wachstum zurück und nimmt allmählich seine endgültige Form an. Mädchen entwickeln weibliche Formen und beginnen zu menstruieren. Jungen entwickeln mehr Muskeln, die Möglichkeit zum Samenerguß und eine tiefere Stimme. Beide bekommen zusätzliche Körperbehaarung. Das alles klingt nicht so umwerfend, wenn ich es hier zusammenfasse, aber es ist doch ein lang anhaltender, tiefgehender und umfassender Prozeß, und ich möchte Schritt für Schritt die psychologische Bedeutung dieser Veränderungen beleuchten. Wie gesagt, läuft die psychische Entwicklung zu der körperlichen nur teilweise parallel. Bei manchen Mädchen entwickelt sich der Körper sehr schnell, so daß sie schon im Alter von zehn Jahren ihre erste Periode haben. In diesem Fall sind ihre psychologischen und sozialen Entwicklungsvoraussetzungen ganz anders als die eines Jungen, der erst mit sechzehn in den Stimmbruch kommt oder einen Wachstumsschub hat. Sowohl eine sehr frühe als auch eine sehr späte Entwicklung bringt gewöhnlich eine psychische Belastung für den jungen Menschen mit sich.

Die physische wie psychische Entwicklung geht bei Mädchen schneller vor sich als bei Jungen. Man sagt, daß zwischen einem früh entwickelten Mädchen und einem spät entwickelten Jungen, die im selben Alter, zum Beispiel vierzehn Jahre, sind, psychologisch gesehen jedoch bis zu sieben Jahre liegen können.

Die körperlichen Veränderungen geschehen allerdings nicht in einem sozialen Vakuum, sondern gehen – oft zur Verzweiflung, möglicherweise aber auch zum heimlichen Stolz der Jugendlichen – in unterschiedlichen Situationen mehr oder weniger öffentlich vor sich. Insgesamt können sie an den veränderten Körperformen des Jugendlichen festgestellt werden, die man durch die Kleidung erahnen kann. Im einzelnen werden sie zum Beispiel für die Freunde unter der Dusche nach dem Sport, in der Badeanstalt oder für die Familie zu Hause im Schlaf- oder Badezimmer erkennbar.

Sein neues «biologisches Zuhause» erobern

Wenn der Körper erwachsen wird, ist der Jugendliche vor das Problem gestellt, dieses neue biologische Zuhause erobern zu müssen. Das ist nicht einfach. Das innere Bild des Körpers verändert sich, Zerrissenheit und Fahrigkeit gehören zur Tagesordnung. Anders als dem Kind oder dem Erwachsenen, fehlt dem Jugendlichen die selbstverständliche, automatische Erfahrung, wo sich in einer Art innerem Bild in verschiedenen Momenten die unterschiedlichen Körperteile befinden. Viele Jugendliche empfinden dies als unendlich peinlich, zumal sie jetzt gelernt haben, sich selbst zu beobachten, und dazu neigen, sich ihrer körperlichen Erscheinung ständig bewußt zu sein. Und damit nicht genug. Manche Körperprozesse sind obendrein noch unkontrollierbar. Die Menstruation kommt, wann sie Lust dazu hat – oft unpassend –, ebenso wie die Erektion. Was die Jungen betrifft, so haben sie unfreiwillige Samenergüsse in der Regel nur nachts, aber man kann ja nie wissen...

Der Körper läßt sich also nicht richtig steuern. Jugendliche erröten in allen möglichen Situationen und haben das Gefühl, sich bis in alle Ewigkeit blamiert zu haben. Deshalb sollte man sich nicht wundern, daß sich die Jugendlichen danach sehnen, selbst Kontrolle ausüben zu können, und so nervös reagieren, wenn sie sich von anderen, zum Beispiel von den Eltern, kontrolliert fühlen.

Seinen Körper von den Eltern zurückerobern

Der Körper und das Verhältnis zu ihm haben eine besondere und komplizierte Geschichte. Es muß ein inneres Bild des Körpers entwickelt werden, damit das «eingepackt», «getragen» und «verwahrt» werden kann, worauf der neue Körper nun stößt. Das ist gar nicht so einfach. Zunächst muß der Halbwüchsige den Körper zu seinem eigenen machen. Zu seinem eigenen? Das klingt seltsam. War das nicht schon immer der eigene Körper des Kindes, der nun eben zum Körper des Jugendlichen geworden ist? Ja, das stimmt in mancher Hinsicht, vor allem natürlich von außen betrachtet. Seit das Kind in frühem Alter den Unterschied erkannt hat zwischen dem Gefühl, von der Mutter angefaßt zu werden oder sich selbst zu berühren, und seit es verstanden hat, daß das, was da plötzlich durch sein Blickfeld flog, sein eigener Arm war, hat das Kind allmählich ein Gefühl für seinen eigenen Körper und dafür, wie er funktioniert, entwickelt. Aber in mancher Hinsicht gehörte der Körper des Kindes auch den Eltern, vor allem vielleicht der Mutter. Es war die Mutter, die ihn von Anfang an gepflegt hat. Die Mutter wußte, was er brauchte, noch ehe das Kind es wußte, geschweige denn es selbst mitteilen konnte. Und es waren Mamas und Papas Hände, die den Körper streichelten und ihn stimulierten.

Allmählich hat das Kind begonnen, seinen eigenen Körper und seine Pflege in immer weitergehendem Sinn selbst zu übernehmen. Aber die Vorstellung, daß es eine Verbindung zwischen Mama/Papa und seinem Körper gibt, ist noch fest verwurzelt. Wenn es allein ist und ein paar tröstende Arme um sich braucht, dann taucht vielleicht das Bild der Mutter auf. Wenn der Jugendliche älter wird, erscheint der *Tröster* als ein innerer Begleiter, und die so aktivierten inneren Phantasiearme können den Trost vermitteln. Aber die Abhängigkeit von den Eltern ist noch so groß und die Sehnsucht nach Trost ist noch so unstillbar, daß die Arme die Vorstellung hervorrufen können, immer noch mit dem Körper der Mutter verschmolzen zu sein. Der Körper des Jugendlichen ist also immer noch eng mit dem von Mutter oder Vater verbunden. Seinen Körper zu erobern, seinen ganzen Körper sozusagen selbst in die Hand zu nehmen, das braucht Zeit.

Hier kann das Onanieren eine besondere Bedeutung als «Trainingsgebiet» erhalten, sofern das Kind nicht sexuellen Übergriffen ausgesetzt war und ihm somit dieses «Trainieren» schwerfällt. Sich selbst zu berühren, um erotisches Empfinden «mechanisch» zu erzeugen, kann gemischte Gefühle mit sich bringen. So kann zum Beispiel der Wunsch entstehen, sich von seinem Körper zu distanzieren und ihn in psychologischer Hinsicht ganz und gar nicht zu seinem eigenen zu machen. Außerdem kann Onanie auch zu einem Zwang werden.

Vielleicht kann man in dem Verlangen des Jugendlichen, seinen Eltern die schmutzige Wäsche vor die Füße zu werfen, eine symbolische Verbindung zu jener Zeit sehen, als die Mutter noch für das körperliche Wohlbefinden des Kindes zuständig war. Es wäre somit also nicht einfach ein Zeichen von Faulheit oder – aus der Sicht der Eltern – von mißlungener Erziehung.

Abgesehen davon wird man sich nie ganz von dem Wunsch befreien können, die Verantwortung für sein körperliches Wohlbefinden jemand anderem zu überlassen, zumal das auch kaum notwendig oder sinnvoll wäre. Ein Mann gibt seinen Körper in die Hände einer anderen Frau als der Mutter, und eine Frau tut dasselbe, wenn ein Mann den Vater in ihrem Leben ablöst. Es ist dann gut, wenn dieses Sich-Überlassen nicht so sehr an die Mutter oder den Vater erinnert, daß sich das Erleben von Liebe und Erotik gefühlsmäßig in einen Akt mit inzestuösem Anklang verwandelt. Von dem realistischen Bild der aktuellen Beziehung überlagert findet sich dann eine Vorstellung, die von der erotischen Sehnsucht des kleinen Jungen nach seiner Mutter und der Angst vor der Rache des Vaters geprägt wird. Dies ruft den *Ankläger* und den *Rivalen* auf den Plan, die beide Schuldgefühle erzeugen, welche oft – aus der männlichen Sicht – in Phantasien münden, angegriffen oder kastriert zu werden.

Die psychische Entwicklung der frühen Pubertätsjahre

Innerlich aufgeladen werden

Gemeinsam mit der körperlichen Entwicklung finden auch Veränderungen im Verhalten der Halbwüchsigen statt. Mädchen interessieren sich mehr und auf eine neue, bewußtere Art und Weise für ihr Äußeres. Jungen werden vielleicht grob und bemühen sich eifrig, Schimpfworte und Obszönitäten zu verbreiten. Ihr Interesse an näherem Kontakt zu Mädchen wächst, wenngleich die Angst, mit «Mädchenbazillen» angesteckt zu werden und als «Mädchenfreund» verhöhnt zu werden, sehr groß ist.

Im Innern geschieht diese Entwicklung, aus einer psychoanalytischen Perspektive gesehen, über eine psychische Aufladung, die mit der zunehmenden Reife der Geschlechtsorgane verbunden ist. Die inneren Begleiter, die sich in den letzten Jahren kaum mehr bemerkbar gemacht hatten, beginnen sich zu rühren, und man fühlt eine Unruhe im Körper. Der Vorgeschmack auf das Erwachsenenleben genügt jetzt nicht mehr, es rückt der Zeitpunkt näher, wo das Versprechen auf die Zukunft eingelöst werden soll. Aber der Weg dorthin ist lang, und das ahnt das frühere Kind, das sein Märchenbuch kennt, seine Mythen verinnerlicht hat und um die Prüfungen weiß, die auf einen Jungen warten, der sein Elternhaus mit dem Stock in der Hand verläßt, um sich in der Welt auf die Suche nach der Prinzessin zu machen. Oder die verzweifelte Lage des schlafenden Dornröschen, das hinter der nur schwer zu durchdringenden Dornenhecke liegt und auf den Prinzen wartet.

Dies bedeutet unter anderem auch, daß die Vorstellung von dem *Begehrten* und dem *Rivalen* wiederbelebt wird. Nach wie vor sind diese Figuren von den Eltern geformt, denn die Eltern gibt es ja immer noch in der äußeren Welt, und die Vorstellung von ihnen wird auf eine neue Weise im Wechselspiel mit den Figuren der inneren Welt aufgeladen. Der Jugendliche muß sich jetzt in der äußeren Welt seinen Eltern gegenüber anders verhalten, einerseits, um die reale Beziehung zu ihnen zu regeln, andererseits, um die Intensität der inneren Aufladung von *Begehrtem* und *Rivalen* in den Griff zu bekommen. Das ist eine wirklich schwere Aufgabe. Der *Ankläger,* der eine ganze Weile lang untätig herumsaß, hockt nun dem Jugendlichen buchstäblich auf der Schulter, um alle äußeren Handlungen und inneren Phantasien auf ihre Ungebührlichkeit zu prüfen. Und was wäre die Pubertät ohne «ungebührliche» Phantasien? Der Jugendliche empfindet diese innere Aktivität als wechselnde Stimmungen mit plötzlicher Unlust, Niedergeschlagenheit und schlechtem Gewissen oder als Glücksgefühl und Erregtheit.

Allmählich wird der *Begehrte* für den Jungen nicht mehr nur die Gestalt der Mutter haben, sondern es werden verschiedene Mädchen oder Frauen mit diesem Gefühl verschmolzen, während das Bild der Mutter langsam verblaßt. Gleichzeitig wird der *Rivale* immer weniger der Vater sein, diese Rolle wird von anderen Männern oder Jungen übernommen. Auf diese Umwandlung werde ich später noch einmal zurückkommen.

Äußere Ereignisse werden nun in die innere Dramatik

verwoben. Der Halbwüchsige empfindet Scham oder Verwirrung angesichts der Sexualität der Eltern. Es widerstrebt ihm stark, sich das Sexualleben der Eltern vorzustellen, wenngleich er hier ein konfliktbeladenes Interesse verspürt. Es ist ihm peinlich bewußt, daß die Eltern zumindest einmal miteinander geschlafen haben müssen. Manchmal kann die Ankunft eines Nachkömmlings diesen Phantasiekomplex noch verstärken. Wenn der Elternteil des entgegengesetzten Geschlechts kürzlich eine neue Beziehung eingegangen ist, deren erotische Komponente für den Jugendlichen deutlich ist, dann verstärkt dies die inneren Phantasien.

Das ist für die Eltern oft eine anstrengende Zeit. Sie erfahren, daß das Kind, das früher so gern umarmt wurde oder auf dem Schoß saß, plötzlich deutlich jeden körperlichen Kontakt zurückweist oder unvorhersehbar reagiert, wenn die Eltern eine noch so schüchterne Berührung wagen.

Was das Kind in der vorhergegangenen Periode lernte, nämlich wie man die richtigen Knöpfe drückt, um das Leben in Gang zu halten, dies funktioniert nun nicht mehr. Durch ihr Älterwerden entstehen für Mädchen und Jungen neue Situationen, für die sie neue Fähigkeiten erwerben müssen. Die anderen schauen sie auf eine veränderte Weise an, und auch sie selbst betrachten sich neu, ohne sich dessen noch richtig bewußt zu sein. Und dann kommt noch der «neue» Körper dazu, mit dem sie noch nicht vertraut sind. Man darf sich also nicht wundern, wenn die Jugendlichen in dieser Phase Kontrolle ausüben wollen und wenn ihr Selbstwertgefühl und ihre Fähigkeit, die unterschiedlichen Situationen des Alltags zu meistern, erschüttert sind.

Der *innere Begleiter,* der unter anderem auf den verinnerlichten Erfahrungen basiert, wie Mutter, Vater oder andere wichtige Menschen praktische Probleme lösten, Beziehungen lebten oder sich im Zusammenleben verhielten, muß sich weiter entwickeln. Die Fähigkeit, die richtigen Knöpfe im richtigen Zusammenhang zu drükken, muß aktualisiert werden. Der *innere Begleiter* muß passende und gangbare Wege ins Erwachsenenleben finden, die mit den Bedürfnissen und Wünschen des Halbwüchsigen vereinbar sind und gleichzeitig vom *Ankläger* akzeptiert werden oder – besser noch – vom *Lobenden* gutgeheißen werden.

Diese Aktualisierung ist buchstäblich lebenswichtig. Es gehört zu den zentralen Entwicklungsanforderungen an den Jugendlichen in dieser Phase, daß er lernt, verschiedene soziale Situationen zu meistern. Oft handelt es sich hierbei um völlig neue Gegebenheiten, wenn beispielsweise die Freunde der Eltern den Jugendlichen auf eine andere Weise behandeln. Wie verhält man sich, wenn man plötzlich als erwachsen behandelt wird, wenn man vor neue Anforderungen gestellt wird? Einerseits wecken die «bekannten» Situationen neue Gefühle aggressiver und erotischer Natur. Mädchen wollen nicht im Badezimmer beobachtet werden, wollen ihre Zimmertür plötzlich verschlossen halten. Es verwirrt und stört sie, die Eltern nackt zu sehen und so weiter. Wie soll ein Jugendlicher seine Interessen verteidigen? Und was sind seine Interessen? Es braucht einige Zeit, das herauszufinden, und in dieser empfindlichen Umstellungsperiode wird das Bedürfnis, die eigene Integrität zu schützen, wachsen. Der Halbwüchsige muß gangbare Wege entdecken, seine Grenzen festzulegen, Geheimnisse zu bewahren, die Eltern nach den «richtigen Sachen» zu fragen und sie, ohne sie unnötig zu beunruhigen, doch ausreichend informiert zu halten. Es ist die Aufgabe des *inneren Begleiters,* hierfür Wege zu finden.

In der späteren Pubertät

Dadurch, daß der Körper sich sowohl was das erotische und sexuelle als auch das aggressive Potential angeht, verändert hat, bringen es die neuen Situationen mit sich, daß die sie begleitenden Phantasien erschreckender und realistischer wirken. Für ein Kind kann es erschreckend sein, wenn es so wütend ist, daß es im ganzen Körper Mordlust verspürt. Geschieht dies aber in der Pubertät, dann ist das noch viel schlimmer, denn nun ist auch die körperliche Kraft da, um zu töten, und es stehen Möglichkeiten zur Verfügung, es auf listige Weise zu tun. Der «neue» Körper hat auch andere Mittel für Sexualität, sowohl passiv als auch aktiv. Ein verführerisches Verhalten kann völlig neue Konsequenzen haben, und das gilt auch für das Sich-verführen-Lassen. Es dauert seine Zeit, bis der Jugendliche sich mit diesen neuen äußeren und inneren Gegebenheiten zurechtfindet.

Entwicklung eines Selbstwertgefühls

Wir haben jetzt betrachtet, wie sich der Körper des Jugendlichen entwickelt und wie sich das «Besitzen» dieses Körpers verändert. Außerdem haben wir über das

Bedürfnis des Halbwüchsigen gesprochen, Kontrolle über inneres Erleben und äußere Wirklichkeit zu gewinnen. Wir haben die Verlagerung verschiedener psychischer «Aufladungen» berührt, ebenso wie den Übergang des zentralen Interesses (auch erotischer Natur) von den Eltern zu Personen außerhalb der Familie. Diese letzte Frage werden wir später noch einmal behandeln und zunächst einen anderen Aspekt der Entwicklung diskutieren.

Im Zusammenhang mit dem ersten Vorgeschmack auf das Erwachsenenleben habe ich den *Ankläger* beschrieben und auch den *Lobenden.* Diese beiden Typen innerer Begleiter zeigen uns die Instanzen, die mit dem Wertesystem der Kinder und später Halbwüchsigen zu tun haben. Das Wertesystem regelt die Frage, für welche Handlungen, Gedanken, Absichten und Phantasien die Jugendlichen Schuldgefühle entwickeln sollen und für welche sie sich selbst loben und als ehrbar ansehen dürfen.

Diese inneren Instanzen beurteilen ständig unsere Handlungen und Phantasien, und das ist bedeutungsvoll für unser Selbstwertgefühl. Um ein Bild aus unserer Zeit zu gebrauchen, kann man die Wirkung dieser Urteile mit Kursen an der Börse vergleichen, es geht hier also um unsere persönliche Börse. Ob der Selbstwertgefühlsindex steigt oder fällt, hängt davon ab, ob der *Lobende* gegenüber dem *Ankläger* Plus oder Minus macht. Wie der Index der Aktienbörse, setzt sich auch das Selbstwertgefühl aus einer großen Anzahl einzelner Komponenten zusammen. Diese wiederum hängen an der Summe der «Firmen», in denen wir laufende, automatische Urteile oder Wertbestimmungen unserer selbst fällen. Hier geht es zum Beispiel um unser Verhalten gegenüber anderen Menschen, vor allem denen, die uns wichtig sind und für die wir Verantwortung oder besondere Gefühle empfinden. Oder es geht um unsere Arbeitsaufgaben und andere Funktionen, die in der einen oder anderen Weise Kompetenz erfordern.

Das Material an Erfahrungen, um den inneren *Ankläger* und den *Lobenden* zu entwickeln, erhält das Kind im Zusammenspiel mit den Eltern oder anderen wichtigen Menschen. Die Worte oder Reaktionen dieser Menschen schaffen eine «Musik», die das Kind verinnerlicht. Hierbei ist der Inhalt der Worte nicht einmal so wichtig wie der Tonfall oder die Körpersprache. Ein «Wie schön!», das mit gleichgültiger Stimme geäußert wird, stiftet Verwirrung. Ein «Laß das!», das mit einer schmeichelnden Stimme gesagt wird, kann vielleicht anregend wirken, stiftet aber auch Verwirrung. Wenn der Unterschied zwischen dem Inhalt der Worte und der geäußerten Körpersprache allzuoft groß ist, dann ist es für ein Kind wie auch für einen Jugendlichen schwer, ein deutliches Selbstbild und ein gesundes Selbstwertgefühl zu entwickeln.

Die Abwesenheit der Eltern kann innere Verfolger erzeugen

Innere Verfolger, wie zum Beispiel der *Ankläger,* scheinen auf den Plan zu treten, wenn das Kind sich angeklagt oder verfolgt fühlt. Das muß nicht immer bedeuten, daß das Kind wirklich beschuldigt oder bedroht wird. Oft genügt einfach ein Mißverständnis oder nur Gedankenlosigkeit. Diese inneren Instanzen entwickeln sich auch, wenn die Eltern abwesend sind, das heißt, wenn sie dem Kind nicht in ausreichendem

Maße zur Verfügung stehen. Das Kind bekommt dann von ihnen zu wenig grundlegende Erlebnisse, die es für eine vorteilhafte Entwicklung bräuchte. Dieses Fehlen von Zuwendung tritt dann als ein *innerer Verfolger* im Kind auf. Hat das Kind bestimmte Dinge, zum Beispiel ein Gefühl von Sicherheit oder Trost in Situationen der Hilflosigkeit nicht erlebt, dann schlägt sich das nicht unbedingt als Erinnerung an einen Mangel oder eine Sehnsucht nieder, sondern es kann als eine aktive innere Aggression fortwirken. Der Mangel attackiert und verfolgt dann das Kind auf seiner inneren Bühne.

Ein Kind kann also nicht nur dann von einem inneren *Ankläger* bedroht werden, wenn es häufig zu Recht das Gefühl hatte, daß ein Elternteil sich ihm gegenüber ungerecht oder übertrieben streng verhalten hat, sondern auch, wenn ein Elternteil abwesend war. Wenn das Kind zu wenig Zuwendung vom Vater bekommt, dann kann das für den Jungen bedeuten, daß sich diese Abwesenheit in einer strengen inneren Vaterfigur als *Ankläger* niederschlägt oder daß der *Lobende* mit seinem Lob nur sehr geizig umgeht. Dies rührt daher, daß diese Figur teilweise auf einer Idealisierung des abwesenden Vaters gründet, dessen erfundene Größe der Junge selbst nie wird erreichen können.

Sich von den inneren Eltern frei machen

Jeder von uns braucht den Schutz und die Unterstützung eines inneren Wertesystems. Wir alle brauchen innere Wegweiser – D. Stern spricht von «evoked campanions». Aber die inneren Wegweiser, vor allem der *Ankläger* und der *Lobende,* haben eine zu große

Ähnlichkeit mit den Eltern, als daß der Jugendliche sie ertragen könnte. In seiner Entwicklung muß er sich deshalb von den Eltern in äußerer wie auch in innerer Hinsicht befreien und ihnen selbständiger gegenübertreten. Der Jugendliche muß diese innere Freiheit finden, um ein Gefühl für sich selbst entwickeln zu können – eben das Selbstgefühl, das bis dahin die Eltern mehr oder weniger durch Lob oder Tadel reguliert hatten.

Die Bedeutung von Freunden und Cliquen

Aber wenn man es nun viel zu beengend, kindisch und unerträglich findet, von den Eltern als *Lobende* oder *Ankläger* abhängig zu sein, wenn diese Instanzen nicht länger ihre Berechtigung im Verhältnis zwischen Kind und Eltern finden, wer soll dann die Eltern auf der inneren Bühne des Jugendlichen ablösen? Natürlich die Idole, die Freunde und die Clique. Die Clique und ihre Mitglieder fungieren als eine Art innere Stellvertreter, während der Jugendliche sich genügend Lebenserfahrung verschafft, um den *Ankläger* und den *Lobenden* mit einer differenzierteren und weniger von den Eltern geprägten Urteilskraft auszustatten, als dies in der Kindheit der Fall war. Als Jugendliche kann man nicht auf ewig damit zufrieden sein, «Mamas liebes Mädchen» zu sein, und die Eltern können nicht länger die hauptsächlichen Aktionäre im Selbstwertunternehmen der Jugendlichen sein. Der halbwüchsige Junge kann sich nicht ewig mit Kastrationsängsten dafür bestrafen, daß er böse zu seinem Papa war. Die Welt ist voll unterschiedlicher Vaterfiguren, so daß ein Leben unter solchen Vorzeichen nicht sehr konstruktiv wäre.

Während der Jugendliche sich also differenziertere

Erfahrungen verschafft, die das innere Norm- und Regelwerk vervollständigen, welches das Selbstgefühl regulieren wird, müssen Idole, Freunde und Cliquen als Stellvertreter für die Eltern dienen, damit die innere und die äußere Verlorenheit nicht zu groß wird. Deshalb wird sich der Halbwüchsige – zum mehr oder weniger großen Erschrecken seiner Eltern – eine längere Zeit den Regeln der Clique unterwerfen. Das kann natürlich zum Problem werden, wenn er an eine Gemeinschaft mit einem unsozialen Wertesystem gerät. Aber gewöhnlich haben die inneren Stellvertreter doch nicht vollständig die Regie übernommen – die alten inneren Eltern haben immer noch das eine oder andere zu sagen, ebenso wie natürlich die wirklichen Eltern in der äußeren Welt.

Probleme tauchen vor allem dann auf, wenn der Jugendliche früher übermäßig abhängig von seinen Eltern war. In diesem Fall muß die Clique einen viel größeren Teil der inneren Welt übernehmen. Darüber hinaus sucht sich der Betreffende gern eine Gruppe, die in Opposition zur Erwachsenenwelt steht. Im Schutz der Clique kann er ein wenig Aufschub erhalten, indem er eine Illusion von Freiheit und Unabhängigkeit von den Eltern erfährt. Schwierigkeiten gibt es natürlich dann, wenn die Eltern eine sehr ablehnende, kämpferische Haltung gegenüber den Freunden des Jugendlichen einnehmen. Das kann zur Folge haben, daß ihr Kind sich in eine Gruppensolidarität getrieben sieht, die ihm eigentlich nicht liegt, und daß es gezwungen ist, mehr von seinen Erfahrungen für sich zu behalten, als gut für es ist. Vielleicht gibt es Erlebnisse, die der Jugendliche gern mit seinen Eltern teilen würde, aber die Vorstellung oder das Wissen, daß die Eltern sofort ein Ultimatum stellen und zum Beispiel den sofortigen Bruch mit den Freunden verlangen würden, hält ihn auf Distanz.

Das neue Selbstwertgefühl

Nach und nach hat der Jugendliche die notwendigen Erfahrungen gesammelt und braucht Freunde und Clique nicht mehr als Stellvertreter. Er verfügt nun über einen inneren *Ankläger* und einen *Lobenden,* die differenzierter urteilen und nicht mehr so stark von den Eltern geprägt sind. Er empfindet diese Instanzen als seine eigenen. Untersucht man die Urteile des neuen *Lobenden* oder des neuen *Anklägers,* ihre Wertesysteme und Vorstellungen von Bestrafung oder Belohnung jedoch genauer, so stellt man fest, daß sie sich weniger von den alten, durch die Eltern geprägten Werte unterscheiden, als man meinen würde. So leicht wird man seine alten Eltern, oder zumindest ihren Einfluß, eben nicht los!

Der Jugendliche empfindet dennoch das neue Norm- und Regelwerk mehr als sein eigenes. Wenn er sich selbst lobt oder tadelt, hat er nicht mehr das Gefühl, im alten Land der Kinder verhaftet zu sein, dem er nun entwachsen ist. Ein junger Mann von zwanzig kann nicht mehr auf Mamas Schoß klettern, ihr Haar zwirbeln und den Daumen in den Mund stecken, um sich selbst dafür zu belohnen, daß er ohne ihre Begleitung ins Kino gegangen ist. Das gibt vielleicht gerade noch das Selbstbild eines Zehnjährigen her, nicht aber das eines Zwanzigjährigen.

Den Verlust der Kindheit und die Eltern der Kindheit betrauern

Nun fehlt uns noch ein Aspekt, wie die kindliche Abhängigkeit überwunden wird. Bis zur Pubertät hat das Kind gewöhnlich ein inneres Empfinden dafür, daß es unter der schützenden Hand der Eltern steht. Manchmal ist das Kind zwar traurig oder wütend, aber das liegt meist daran, daß diese Hand, die sonst immer so selbstverständlich da war, einmal fehlte. In der Pubertät macht sich nun ein schwindelerregendes Gefühl bemerkbar. Die Hand, die immer da war, ist fort, und das nicht nur zufällig aufgrund eines Versehens, sie ist für immer verschwunden, und es wird sie vielleicht nie wieder geben. Schrecken, Ratlosigkeit, Sehnsucht, Leere oder ein Gefühl des Ausgeliefertseins sind die Folgen dieser Entdeckung. Es entsteht daraus zwar auch ein Empfinden für neue Möglichkeiten, die sich eröffnen können, aber vor allem muß der Jugendliche trauern. Die Tür zum Land der Kindheit ist für immer zugeschlagen. Nie wieder wird der Jugendliche die kindliche Sorglosigkeit empfinden, daß nichts Böses geschehen kann, da Mama und Papa ja zu seinem Schutz in der Nähe sind. Es gibt kein Zurück mehr.

Vor dem Jugendlichen liegen nun gewiß viele neue Möglichkeiten, aber vor allem auch die große Ungewißheit und eine nie gekannte Form der alles durchdringenden Einsamkeit. Die Einsamkeit ist die Voraussetzung für Selbständigkeit, und eben diese Selbständigkeit bildet die Grundlage für spätere Nähe und eine tiefe und reife Abhängigkeit, ebenso wie für das sich allmählich ausbildende existentielle Gefühl einer inneren Richtungsfindung – aber das kann der Halbwüchsige in diesem Moment noch nicht wissen.

Der Jugendliche trauert um seine Eltern, um die Eltern seiner Kindheit. Das klingt vielleicht seltsam, denn die Eltern leben ja noch. Aber die Trauer gilt den inneren Eltern, die eng mit dem Land der Kindheit verbunden sind. Dies muß nicht bedeuten, daß die Kindheit durch und durch oder auch nur in großen Teilen glücklich war. Die Trauer äußert sich für und in dem Jugendlichen als eine unerklärliche Niedergeschlagenheit, ein Mangel an Energie, eine Lustlosigkeit. Die Bewegung auf der inneren Bühne ist schwer zu handhaben und oft auch zu schmerzhaft, um deutlich ins Bewußtsein vorzudringen, und findet also weit hinten auf der Bühne statt. Nur die Stimmungen dringen nach außen und ins Bewußtsein.

Der Jugendliche muß seine Beziehungen zu seinen beiden Vätern, dem äußeren und dem inneren, verändern, ebenso wie die zu seinen beiden Müttern, der äußeren und der inneren. Wie das geschieht, hängt großenteils davon ab, wie die Beziehungen zu dem Zeitpunkt, in dem die Veränderung eintritt, beschaffen sind. Manchmal hatten Eltern und Jugendliche eine gute und enge Beziehung zueinander, manchmal aber war die Beziehung nicht zufriedenstellend. Unter günstigen Umständen kann sie repariert werden, und die Zeit der Veränderung kann mit einer Annäherung zwischen Eltern und Kind beginnen, die dann wiederum die Voraussetzung für eine spätere altersangemessene Distanz ist. War der Jugendliche der Vertraute eines Elternteils in einer Familiensituation, die von mangelnder Nähe zwischen den Eltern geprägt war, dann wird die Trennung und der Prozeß der Trauer beim

Jugendlichen durch ein schlechtes Gewissen und bei dem Elternteil durch ein Gefühl der Leere und der Verlorenheit erschwert. Ebenso kann die Befreiung dadurch kompliziert werden, daß ein Elternteil «überbeschützend» war. Der *innere Wegweiser* des Jugendlichen hatte in diesem Fall nicht genügend Gelegenheit, sich an der Wirklichkeit zu üben.

Manchmal hat man vielleicht den Eindruck, als ob sich die beiden Parteien auf immer trennen würden, aber das ist nicht der Fall. Es geht hierbei lediglich darum, die bisherige Beziehung der wachsenden inneren und äußeren Selbständigkeit des Jugendlichen anzupassen. Je mehr die Beziehung in eine passende Form gebracht wird, desto mehr wird der innere Trauerprozeß von der Freude ausgeglichen werden, «neue», das heißt ebenbürtige Kinder oder Eltern zu gewinnen. Hier ist dann wichtig, welche erwachsenen Interessengemeinschaften Mutter/Tochter und Vater/Sohn entwickeln können.

Die amerikanische Psychologin und Psychoanalytikerin Louise Kaplan behandelt in ihrem Buch «Abschied von der Kindheit» eine Reihe tiefenpsychologischer Aspekte der Trennung des Jugendlichen von seinen Eltern. Unter anderem weist sie darauf hin, daß die Idealisierung des gleichgeschlechtlichen Elternteils umgewandelt werden muß, wenn die Abhängigkeit verringert werden soll. Gleichzeitig braucht der Jugendliche ein gewisses Maß an Idealisierung, um seine Identitätsentwicklung in bezug auf das jeweilig andere Geschlecht intensiv und kontrolliert fortführen zu können. Die Lösung ist oft eine Übertragung der Idealisierung von den Eltern zu anderen Erwachsenen, den Teenager-Idolen; das können Gruppenleiter, Lehrer, die Eltern eines Freundes oder öffentliche Personen sein.

Mutter-Sohn- und Vater-Tochter-Verhältnisse sind indes komplizierter, denn hier muß der Jugendliche nicht nur die kindliche Abhängigkeit aufarbeiten, sondern auch das innere Bild des entgegengesetzten Elternteils, des *Begehrten*, überwinden. Die Umwandlung gestaltet sich deshalb schwieriger. Oftmals stabilisiert sich das Verhältnis erst, wenn der Jugendliche einen festen Partner findet. Häufig «pflegen» junge Paare im jeweiligen Partner die gegenseitigen Eltern.

Eine gewisse Trauerarbeit ist vonnöten, damit sich der Jugendliche definitiv vom Land der Kinder entfernen und den Grund für eine feste Verankerung im späteren Erwachsenenleben legen kann.

Wenn die Trauer abklingt, ist der Jugendliche bereit, sich mit ganzem Herzen auf intime Liebesbeziehungen zu Gleichaltrigen einzulassen. Jetzt hat er die Voraussetzungen an der Hand, den anderen wirklich zu sehen und nicht nur sich selbst zu spiegeln, um die Bestätigung zu erhalten, beliebt, gebraucht und nicht allein zu sein – oft eine Triebkraft in den Beziehungen von Jugendlichen zu Beginn der Pubertät. Dennoch ist die Trauer kein Prozeß, den man klar und deutlich verfolgen kann, auch nicht, wenn man als Eltern einen engen Kontakt zu seinen Kindern hat. Lange Zeit kann die Trauer kommen und gehen und immer wieder andere Formen annehmen. In der späteren Pubertät blüht sie im Zusammenhang mit Liebeskummer wieder auf, und möglicherweise wird es sie im Innern des jungen Menschen immer als Resonanzraum für spätere persönliche Verluste geben. Der innere Zugang zu einer durchlebten Trauer ist eine wichtige Voraussetzung dafür, echtes Mitleid mit anderen empfinden zu können.

Identitätsentwicklung in der Pubertät

Im vorangegangenen Abschnitt habe ich verschiedene Aspekte der inneren und äußeren Entwicklung des Jugendlichen zur Selbständigkeit beschrieben. Es ist dabei hoffentlich deutlich geworden, welcher inneren Veränderungen und welches neuen äußeren Verhaltens es bedarf, damit der Halbwüchsige auf eigenen Beinen stehen kann. Sowie er das kann, stellt sich die Frage, in welche Richtung diese Beine ihn tragen sollen, denn bildlich gesprochen muß er sich in seinem Lebensumkreis bewegen. Diese Bewegung bringt es mit sich, daß der Jugendliche Entscheidungen treffen muß. Auch sich nicht zu bewegen ist eine Entscheidung, selbst wenn dies vielleicht zunächst nicht so erscheint. Die Entscheidungen betreffen Ausbildung, Arbeit, Freunde, intime Beziehungen, die Art zu wohnen, sonstige Interessen.

Natürlich waren die meisten dieser Aspekte auch schon vorher wichtig für den Jugendlichen, aber die Entscheidungen erhalten nun andere Vorzeichen, da sie selbständig getroffen werden und der Jugendliche auch die Verantwortung für die getroffene Wahl selbst tragen muß. Damit er in sich einen Resonanzboden für diese Entscheidungen schaffen kann, braucht der Jugendliche *innere Wegweiser*, die ihm ein Gefühl für sich selbst als eigenständige Person und auch eine Vorstellung von dieser Person verschaffen – wer er ist und wie er in unterschiedlicher Hinsicht beschaffen ist. Der Jugendliche braucht mit anderen Worten eine Identität.

Was ist Identität?

Identität ist ein schwer faßbarer Begriff. Hat man eine fest gegründete Identität, dann grübelt man niemals darüber nach, was dieser Begriff beinhaltet, denn er ist dann lediglich ein selbstverständlicher Teil des Daseins. Die Identitätsentwicklung in der Pubertät ist von dem amerikanischen Psychoanalytiker Erik H. Erikson in «Jugend und Krise» ausführlich beschrieben worden. Am ehesten läßt sich der Begriff einkreisen, wenn jemand keine oder eine nur sehr schwach ausgeprägte Identität hat. Ein solcher Mensch lebt wie verloren und hat nicht genug Kraft, eigene Entscheidungen zu treffen. Es gibt nichts in ihm, was ihm hilft zu sagen: «Das will ich tun», «das hier paßt zu mir», «ich bin so ein Typ», «das finde ich spannend». Im Alltag erlebt man viele solcher Situationen, und nur allzuleicht steht man handlungsunfähig vor einer Entscheidung oder läßt die Gelegenheit, eine Wahl zu treffen, vorbeigehen. Allerdings spiegelt nicht jede Unentschlossenheit ein Identitätsproblem wider – es kann auch andere Gründe dafür geben.

Wenn man eine Identität besitzt, dann zeigt sich das unter anderem auch in der Fähigkeit, selbstsicher Entscheidungen und Wahlen treffen zu können. Was also ist Identität? Sie wird als eine Art Heimatgefühl im eigenen Körper empfunden. Wenn man zurückschaut, hat man den Eindruck, als ob man trotz aller Veränderung und aller Entwicklung, trotz der Tatsache, daß man älter geworden ist, im Grunde ein und dieselbe Person geblieben ist. Es ist dasselbe «Ich», das im Dunkel der Erinnerungen an frühere Zeiten verborgen ist. Ich bin mir nicht fremd, wenn ich mich auf Fotos von früher sehe. Es kann sich viel verändert haben, aber es bin doch immer noch «ich». Schaue ich in die Zukunft, dann kann ich mir mich selbst in kommenden Situationen und Rollen vorstellen. Ich habe die Zuversicht, daß ich auch in Zukunft mir selbst im Grunde treu bleiben werde, auch wenn viele der äußeren Umstände und der inneren Verhältnisse sich ändern werden. Und ich bin zuversichtlich, daß andere mich als den wiedererkennen werden, als den ich mich erlebe. Wenn ich auf diese Weise spüre, daß mein Erleben meiner eigenen Existenz eine harmonische Einheit mit meinem Körper, mit meiner Vergangenheit und meiner Zukunft bildet, dann habe ich eine Identität. Diese Identität ist allerdings nicht ein für allemal gegeben, denn sie muß immer wieder im Zusammenspiel mit der Umwelt erneuert werden.

Meine Identität kann auch deutlich werden, wenn ich versuche, für mich selbst zu formulieren, was für mich zum Sein gehört. Eine Berufsidentität: «Ich bin Lehrer», eine Kulturidentität: «Ich bin ein Musikmensch», eine religiöse oder politische Identität: «Ich bin Christ, ich bin Sozialdemokrat», eine Familienidentität: «Ich bin Mutter», oder genauer: «Ich bin Olivers Mutter», eine sexuelle Identität: «Ich bin eine Frau», eine Paaridentität: «Ich bin die Freundin von Lars».

Der Jugendliche steht vor der Aufgabe, in seiner Kultur, seiner Zeit, im besonderen Familien-, Schul- und Freundeskreis seine Identität mit allen ihren Teilidentitäten auszubilden. Das ist eine Herausforderung, der er nicht entrinnen kann. Denn wenn er keine Identität entwickelt, dann wird sein Leben unbarmherzig in Entschlußlosigkeit und betäubender innerer Leere verlaufen. Die jungen Menschen ahnen das Dilemma voraus, und das macht die Sache nicht gerade leichter. Wie kann ein Jugendlicher sich eine Identität verschaffen? Diese Frage kann man nur in sehr begrenztem Maße zu Hause im stillen Kämmerlein lösen – der Jugendliche muß hinaus und eigene Erfahrungen machen.

Sich erproben

Wenn der Halbwüchsige sehr unsicher und zudem unselbständig ist, dann fällt es ihm natürlich schwer, sich hinauszuwagen, um eigene Erfahrungen zu sammeln. Darüber hinaus ist es nicht so leicht, eine Erfahrung auch wertzuschätzen. Vielleicht ist der Jugendliche auf einem Fest mit Gleichaltrigen, die er nicht kennt. Wenn er sich in ständigem Zweifel darüber befindet, wer er «ist» – vielleicht noch nicht einmal richtig überzeugt davon, daß er «ist» –, dann fällt es schwer, die gemachte Erfahrung einzuordnen. «Was sagt mir dieses Treffen mit unbekannten Menschen über mich selbst?» Identitätsprobleme und -krisen werde ich in einem späteren Kapitel behandeln und die Frage hier zunächst zurückstellen.

Es ist leichter, neue Erfahrungen zu machen, wenn der Jugendliche einen guten und soliden inneren Grund in sich trägt, wenn er das Gefühl hat, dasselbe «Ich» zu sein wie früher. Aber wie auch immer – er muß hinaus aus dem Familienkreis und sich erproben. Eine Methode, einen Identitätsaspekt zu entwickeln, ist, sich in eine noch unbekannte Situation zu versetzen, sich in dieser zu erproben und dann zu fragen: «Kann das ich selbst sein?» Zu einem Rockkonzert gehen und kreischen. Wenn «ich» da stehe und kreische und mit den Füßen stampfe, fühlt sich das so an, als ob «ich» es bin, der das tut? Verrückte Kleider kaufen und mit Freundinnen durch die Stadt bummeln – bin «ich» das, die da läuft? In einer Diskussion eine sehr kontroverse Ansicht vertreten – man sollte alle Asylanten rausschmeißen – bin «ich» es, der das denkt? Ein paar Pfeifchen Hasch rauchen – bin «ich» es, die das tut? Jugendliche probieren aus und müssen verschiedene Verhaltensweisen und Rollen mit Engagement erproben, um sich klarzumachen, ob «ich» das bin oder ob «ich» das sein kann oder ob «ich» das überhaupt nicht bin.

Der andere untermauert meine Identität

Leider sind es nicht einfach die eigene Reaktion des Jugendlichen auf sein Verhalten und das Gefühl, wie sehr er sich in seinem Körper zu Hause fühlt, die für die Entwicklung einer Identität entscheidend sind. Die Reaktionen der Umgebung auf Verhalten, Kleidung, Ansichten sind von ebenso fundamentaler Bedeutung. Was «ich» bin, hängt auch davon ab, als was andere mich behandeln.

Das Neugeborene kommt mit umfangreichen Entwicklungsmöglichkeiten auf die Welt. Es bildet sein Gefühl, «jemand» zu sein, indem es die Gesichter von Mama, Papa und Geschwistern liest. Mama zieht ihr Gesicht auf eine bestimmte Weise zusammen. Sie ist böse, «ich» mache Mühe. Papa lacht mit dem ganzen Gesicht, wenn er mich hochhebt, «ich» bin wunderbar.

Später in der Entwicklung: Papa seufzt, als er meinen Aufsatz liest, «ich» bin nicht sicher, wie ich mein Mißgeschick einordnen soll, aber ich ziehe den Schluß, daß Papa seufzt, weil «ich» dumm bin. Stück für Stück setzt sich ein Selbstbild, gegründet auf die Reaktionen der anderen, zusammen. Die Kleinen versuchen, sich in Einklang mit dem «Vorschlag», den sie in den Gesichtern der anderen lesen, in ihren Stimmen hören oder aus ihren Worten verstehen, zu verhalten. Bin «ich» dumm? Ich weiß es nicht, wie sollte ich es wissen können, denn ich habe ja keine Vergleichsmöglichkeiten. Papa «schlägt vor», daß «ich» dumm bin. Das muß ich ausprobieren. Wenn ich mich jetzt klug verhalte und Papas Gesicht sich erhellt, dann bin «ich» vielleicht doch nicht so dumm. Wenn Papa nicht bemerkt, daß «ich» mich klug verhalte, sondern noch mehr seufzt und den Kopf schüttelt, wenn «ich» wieder etwas falsch mache, dann wird der Verdacht, daß «ich» dumm bin, zur Gewißheit werden und der Raum für Klugheit immer kleiner. «Dumm» prägt sich ins Selbstgefühl und Selbstbild ein.

Auch in anderen Situationen werden Selbstbild und Identität geformt. Die Clique macht sich in einem fremden Garten zu schaffen. Man hört die Stimmen von Erwachsenen auf der Treppe. «Ich» schlage vor: «Wir verschwinden durch die hintere Gartentür und laufen außen um das Haus herum weg.» Einen Moment lang ist es still. «Ich» beobachte den Anführer der Gruppe. Er sagt: «Gute Idee, laßt uns abhauen.» «Ich» bin schlau. Oder er sagt: «So ein Quatsch, die sind mir total egal, du kannst ja abhauen, wenn du Schiß hast.» «Ich» bin feige.

Der Jugendliche erprobt viele Rollen und Situationen, um festzustellen, was sich richtig anfühlt – bin das hier «ich»? Die Reaktionen der Umwelt untermauern oder entkräften seine Annahme. Manchmal werden unerwünschte Verhaltensweisen auch in übertriebener Weise erprobt – Schwänzen, Schwatzen oder sogar kleine Delikte (die Mehrheit aller Jugendlichen, vor allem der Jungen, macht sich während der Pubertät in irgendeiner Weise strafbar). In Diskussionen mit Eltern oder Lehrern werden extreme Ansichten ausprobiert. All das wäre besorgniserregend, wenn es sich hierbei um ein «letztes Gebot» in bezug auf die zukünftige Identität handelte. Meist ist das aber nicht der Fall, sondern das Verhalten der Jugendlichen kann als ein zaghaftes «erstes Gebot» gelten.

Wenn die Erwachsenenwelt allerdings das Angebot des Halbwüchsigen als endgültig behandelt, dann tut man einander großes Unrecht, und es besteht ein Mißverständnis, das schicksalhaft werden kann. Erwachsene und Gesellschaft tragen in diesem Fall dazu bei, daß das, was ein «Eröffnungsangebot» sein sollte, als «letztes Gebot» festzementiert wird. Auf die Grenzüberschreitungen der Jugendlichen müssen Erwachsene reagieren, aber sie müssen dabei darauf achten, daß sie sie nicht in eine bestimmte Schublade zwängen – «jugendlicher Randalierer», «Troublemaker», «Schwänzer», «Schwätzer». Nur allzuleicht treibt man die Jugendlichen noch tiefer in eben die Identität, aus der man sie herausholen möchte.

Abschließend möchte ich hierzu sagen, daß das Verlangen, die Gesichter wichtiger Personen lesen zu können, um uneindeutige Situationen zu interpretieren, ein sozialpsychologischer Reflex ist, den wir alle doch unser Leben lang in uns tragen – es ist keineswegs etwas, das nur ins Kindes- oder Pubertätsalter gehört.

Ein Jugendlicher wird sich also vielleicht eine Identität zulegen, vor der ihn seine Umwelt mit unterschiedlichen Methoden schützen will. Wie kann das passieren? Es hängt zusammen mit dem Schlimmsten, was man erfahren kann: kein Gefühl dafür zu haben, ob man «jemand» ist. Dann ist die Verlorenheit total. Das beste ist, mit Hilfe eines guten Selbstwertgefühls zu spüren, daß man «jemand ist, der etwas taugt». Dann kann man sich vernünftig gegenüber den Menschen verhalten, die einem wichtig sind.

Für einige Halbwüchsige gibt es niemals diese Alternative, denn sie stecken in einem Teufelskreis. Vielleicht verhalten sie sich nicht vernünftig, so daß die Umwelt sie als untragbar behandelt, oder aber sie verhalten sich manchmal ganz richtig, manchmal aber inakzeptabel, und es ist nur das letztere Verhalten, auf das die Umwelt reagiert. Für den betroffenen jungen Menschen scheint es weder aus seinem eigenen Inneren noch von anderen her möglich, eine Bestätigung dafür zu erhalten, daß er «jemand ist, der etwas taugt».

Das nächst Beste, besser als «niemand» zu sein, ist immer noch, jemand zu sein, der «nicht taugt». Dann ist man doch immerhin jemand, ein Mensch, der existiert und beachtet wird, wenn auch nur aufgrund seines negativen Verhaltens. Eine negative Identität ist besser als überhaupt keine. Dabei empfangen aber die mit einer negativen Identität belasteten Jugendlichen sowohl aus ihrem Innern als auch von anderen Menschen Signale, wie sie sich verhalten müßten, um «jemand» zu sein, was sich äußerst destruktiv auf ihre Entwicklung auswirkt. Die negative Identität wird dann im Zusammenspiel zwischen dem Jugendlichen, den Freunden und der Erwachsenenwelt festzementiert.

Das Dilemma des Anklägers *und des* Lobenden

Auch Jugendliche mit einer negativen Identität haben positive Seiten in sich, die jedoch verdeckt werden. So werden diese positiven Seiten immer mehr zurückgedrängt, um schließlich ganz zu verschwinden. Das hängt unter anderem damit zusammen, daß die Halbwüchsigen den inneren Konflikt, der daraus folgt, daß man gute und schlechte innere Seiten hat, nur schwer aushalten können. In diesem Fall ist es für sie am einfachsten, sich für eine Seite zu entscheiden. Wenn sie aber nicht die Möglichkeit bekommen, sich für die gute Seite zu entscheiden, was sie in ihrem Innersten sicherlich sehnlichst wünschen, dann ist es unter Umständen einfacher und weniger verwirrend, die schlechte Seite zu wählen.

Ungeachtet der äußeren Fassade, die Jugendliche mit einer negativen Identität zeigen, kann man davon ausgehen, daß diese jungen Menschen zutiefst unglücklich sind. Es ist aber nahezu unmöglich für sie, dies für sich selbst festzustellen. Der *Lobende* in ihnen ist zumeist arbeitslos, wird träge und schafft es nicht mehr, eine gute Handlung anzuerkennen. Der *Ankläger* auf der anderen Seite ist überbelastet und wird immer strenger. Nach und nach wird er immer penetranter und pocht auf die Todesstrafe. In seiner Not kann der Jugendliche keine bessere Lösung finden, als den *Ankläger* abzusetzen, denn man kann nicht sein ganzes Leben unter dem Damoklesschwert der Todesstrafe leben.

Aber den *Ankläger* wird man so leicht nicht los. Er sitzt in dem Kellerloch, in das man ihn verwiesen hat, und stößt seine Verwünschungen aus, die als Unlust, Ratlosigkeit und Unruhe zutage treten. Diese unangenehmen Gefühle müssen auf irgendeine Weise gedämpft werden. Vor allem durch die Einnahme von Alkohol oder Drogen versuchen Jugendliche oft, den *Ankläger* einzuschüchtern und ihm zu zeigen, daß er ihnen «scheißegal» sei, was nur wieder in einen neuen Teufelskreis führt.

Dieses Verhalten, das den *Ankläger* einschüchtern soll, wird von der Seite der Erwachsenenwelt meist als eine Provokation aufgefaßt. Das kann es natürlich auch sein, aber es steckt nicht unbedingt der Wille zu provozieren als eigentliche Triebkraft hinter dem Verhalten des Jugendlichen.

Skrupellos sein

Wenn der *Ankläger* zu grausam wird, als daß man noch mit ihm klarkommen oder seine Erscheinungsweise nach ihm richten könnte, dann pflegen Erwachsene dieses Verhalten als «völlig skrupellos» zu bezeichnen. Nun ist es möglich, daß der eine oder andere Jugendliche keine Skrupel hat, aber gewöhnlich ist es doch so, daß die «Gewissenlosigkeit» daher rührt, daß das Gewissen zu sehr belastet ist, als daß der Halbwüchsige noch in Kontakt mit ihm treten könnte. Das könnte für das kleine zarte Pflänzchen Selbstbewußtsein, das es vielleicht noch gibt, zu gefährlich werden.

Wie kann das Gewissen so grausam werden? Zum Teil ist es sicher das Verhalten der Jugendlichen selbst gewesen, das diese Entwicklung befördert hat. Gewöhnlich waren es aber frühere Erfahrungen, die so schrecklich für den jungen Menschen waren, daß das Gewissen übertrieben grausam und mißgünstig reagierte. Der *Ankläger* hat ständig die Oberhand über den *Lobenden.* Das kann damit zusammenhängen, daß das Kind grausam behandelt oder schwer vernachlässigt wurde. Solche Erfahrungen sind oft die Ursache für eine unvorteilhafte Entwicklung der inneren Urteilsfunktionen. Es kann aber auch sein, daß das Kind einfach keine enge Beziehung zu einem wohlwollenden Erwachsenen hatte, mit dem es sich identifizieren konnte. Dieser Mangel an verfügbaren Vorbildern geht meist damit einher, daß der *innere Wegweiser* unzureichend oder irreführend ist.

Den Jugendlichen ernst nehmen

Wie bereits gezeigt, erwerben Jugendliche während der Pubertät eine besondere neue Art zu denken. Diese ist von großer Bedeutung für die Identitätsentwicklung, denn sie macht es möglich, daß der Jugendliche sich selbst auf neue Weise und in neuen Zusammenhängen sieht. Nun betritt der Halbwüchsige mit einem scharfen Auge für Unrecht und Inkonsequenz die Arena der Erwachsenen. Da er noch nicht das Wissen der Erwachsenen darum erworben hat, wie schwierig das Zusammenleben ist, ist der Jugendliche nicht so stark «an die Realität angepaßt», nicht so tolerant oder geläutert, aber dafür auch weniger korrumpiert oder resigniert. Fast immer birgt die Kritik der Jugendlichen an der Erwachsenenwelt etwas Wichtiges – wenngleich nicht so viel, wie die Halbwüchsigen selbst glauben. Die Erwachsenen tun sich und ihrer Gesellschaft einen schlechten Dienst, wenn sie die Kritik der Jugendlichen als «pubertäres Opponieren» gänzlich abtun. Die Gesellschaft erschwert auf unterschiedliche Weise eine positive Identitätsentwicklung von Jugendlichen. Natürlich kann es sehr anstrengend für die Eltern eines Halbwüchsigen sein, wenn ihr Leben und ihre Entscheidungen von einem Jugendlichen in die Mangel genommen werden, der die Schonungslosigkeit seiner Attacken noch nicht richtig einschätzen kann und voller Elan und Schärfe die Welt der Eltern radikal in Fetzen reißt.

Bringt man der Kritik der Jugendlichen aber nicht genügend Respekt entgegen und verweigert man eine Diskussion, dann kann diese Kritik auch nie in ein richtiges Maß gebracht werden. Wie sollen Jugendliche sich eine eigene Meinung zu all den schwierigen Fragen wie Politik, Demokratie, Ausländerfeindlichkeit, Lebensstil, Sexualität, Treue und Untreue bilden, wenn sie sie nicht mit verschiedenen Gesprächspartnern hin und her diskutieren dürfen? Wie sollen sie mit den existentiellen Fragen – woher kommen wir, hat das Leben einen Sinn, was passiert, wenn wir sterben – zurechtkommen? Auf alle diese Fragen gibt es nämlich keine «sichere» Antwort, die man in Worte fassen könnte; sie können vielmehr lediglich als subjektive, innere Gewißheiten erfaßt werden.

Jugendliche kritisieren gern die festgelegte und durchdachte Lebensart der Eltern, ihre Werte und ihre politischen Ansichten. Wenn die Eltern auf eine sachliche Weise ihre Entscheidungen begründen können, wenn sie sich gegen übertriebene Angriffe verteidigen können, ohne selbst anzugreifen, dann können sie ein Vorbild für die Jugendlichen sein und diese in dem

Glauben bestärken, daß man als Erwachsener sich eine eigene Meinung und eigene Werte bilden kann. Es bringt den Jugendlichen viel mehr, dies bekräftigt zu bekommen, als zum Beispiel in einfachen Sachfragen gelenkt zu werden. Auf der anderen Seite können auch die Eltern durchaus von der Kritik und den Wertvorstellungen der Jugendlichen lernen und diese als Vorbild dafür nehmen, wie man Stellung bezieht, umdenkt und Selbstkritik lernt.

Die Tatsache, daß die Jugendlichen das Verhalten und die Werte der Eltern in Frage stellen, kann Konflikte zwischen den Eltern auslösen. Manchmal ist die Uneinigkeit bereits da, war aber so lange verborgen geblieben, bis der Jugendliche sie mit seiner Kritik ans Licht brachte. Dabei kann es um Tendenzen zum Mißbrauch, eine mangelhafte Arbeitsteilung im Haus und vieles mehr gehen. Vielleicht kommt der Konflikt dadurch zutage, daß der Jugendliche das Leben auf andere Weise sieht und sich nun erweist, daß die Eltern auch untereinander uneins sind, so daß nun die verschiedenen, emotional aufgeladenen Ansichten aufeinandertreffen.

Die Eltern sind die Gesprächspartner der Jugendlichen in manchen Fragen. Über einige Dinge kann man reden, über andere ist es unmöglich, vor allem wenn es um schwierige Aspekte im Leben der Eltern geht. Dabei entstehen Fragen, jedoch meist nicht in der direkten Diskussion, sondern mehr in Form von Handlungen oder Andeutungen. Diese Fragen werden oft auch im Gespräch mit anderen Erwachsenen angesprochen, so zum Beispiel gegenüber den Eltern von Freunden, wo die Situation nicht peinlich oder gereizt ist.

Identität ist die Schnittmenge verschiedener Selbstbilder, die für den Jugendlichen im Lauf der Jahre wichtig waren. Diese Schnittmenge war zuvor nicht bedeutsam, wo noch die natürliche Abhängigkeit von den Eltern als eine Art Kitt diente, der die Persönlichkeit des Kindes zusammenhielt. Jetzt, wenn die Schnittmenge unter den Bedingungen der neuen Selbständigkeit, sozusagen ohne Netz und doppelten Boden, erprobt wird, kommt die Stunde der Wahrheit. Ist die Schnittmenge der verschiedenen Selbstbilder nicht deutlich umrissen, dann wird der Jugendliche auf der Suche nach einer haltbaren Identität mit großen Problemen zu kämpfen haben. Ein verdeutlichendes Beispiel: Ein Junge war zu Schulbeginn sehr schüchtern und vorsichtig, zumal er in eine Klasse mit vielen unruhigen Jungen geraten war. In der vierten Klasse, vor allem wenn er mit seinem besten Freund zusammen ist, ist er aber schon draufgängerisch und selbstsicher, besonders Mädchen gegenüber. In der siebten Klasse verliebt er sich plötzlich in ein Mädchen. Er weiß überhaupt nicht, wie er sich jetzt in der Klasse und dem Mädchen gegenüber verhalten soll. «Bin ich schüchtern oder selbstsicher?», «Bin ich vorsichtig oder hart im Nehmen?» Die Gegensätzlichkeit dieser beiden Selbstbilder war bisher kein Problem gewesen, aber in dieser emotional geladenen Situation und wo er nun auch noch alt genug ist, um auf eigenen Beinen zu stehen, bringt sie Schwierigkeiten mit sich.

KAPITEL 3

Der Jugendliche in der Familie

Unterschiedliche Familien

Jugendliche sind unterschiedlich, ebenso wie Familien, überall gelten unterschiedliche Werte. Wir alle haben als Kinder und Jugendliche diese Erfahrung gemacht, wenn wir bei Freunden zu Hause waren. In der einen Familie war es besonders wichtig, daß man seine Mäntel an der Garderobe aufhängte und nicht mit Schuhen das Haus betrat. Beim Essen wurde nicht geredet, oder jedenfalls nur das Allernötigste, und man mußte so lange sitzenbleiben, bis alle aufgegessen hatten. In anderen Familien war das alles nicht so wichtig. Die Kleider konnten irgendwo herumliegen, wenn sie nur nicht im Weg lagen, und man durfte vom Tisch aufstehen, wenn man fertig war. Es war nie sicher, ob alle gleichzeitig essen würden. In manchen Familien konnte man damit rechnen, daß jemand etwas sagen würde, wenn man sich nicht richtig benahm, zum Beispiel: «Hier bei uns tragen alle ihre Teller in die Küche, wenn wir mit dem Essen fertig sind», oder etwas deutlicher: «Glaubst du, daß dein Teller allein in die Küche wandern wird?» In anderen Familien hingegen war man nie sicher, ob man sich richtig benahm. Manchmal breitete sich eine unangenehme Stimmung im Raum aus, man hatte ein schlechtes Gefühl im Bauch und beobachtete verstohlen die Gesichter der Erwachsenen, um herauszubekommen, ob man etwas falsch gemacht hatte.

Familien haben verschiedene grundlegende Werte, die Forscher sprechen von Familienparadigmen. Der Stil einer Familie baut darauf auf, was man in der Familie braucht, damit sie gut funktioniert – was man tun darf und was nicht, wer was tut, und nicht zuletzt, wie es getan werden soll. Hier spielt auch eine Rolle, wer was mit wem gemeinsam macht, mit wem man über was reden kann und auf welche Weise. Die verschiedenen Werte passen nicht gleich gut in unterschiedlichen Kulturen.

Amerikanische Familienforscher haben vier verschiedene Stile ausgemacht: den verschlossenen, den zufälligen, den offenen und den verborgenen Familienstil.

Der verschlossene Familienstil ist gegründet auf die stabile, sichere Familie. Hier herrschen traditionelle Autorität und Anpassung an überkommene Werte vor. Etablierte Muster werden weitergeführt. Die Familie und die Familienidentität stehen an erster Stelle, die individuelle Identität muß sich unterordnen. Persönliche Bedürfnisse werden durch die Loyalität der Familienmitglieder und die dienende Einstellung gegenüber der Familie befriedigt.

Der zufällige Familienstil stellt den Gegensatz zum verschlossenen dar. Die Mitglieder dieser Familie bevorzugen Veränderung. Neuheit und Originalität sind die vorherrschenden Werte vor Stabilität und Tradition. Man versucht Selbständigkeit so zu fördern, daß alle innerhalb der Familie genügend Raum erhalten, um ihr Leben zu gestalten. Individuelle Belange gehen vor, und kollektive Bedürfnisse werden durch spontane und erfindungsreiche Verbindungen individueller Initiativen gewahrt.

Der offene Familienstil versucht den verschlossenen mit dem zufälligen zu vereinen. Hier bemüht man sich, Organisation und Vorhersagbarkeit der verschlossenen Familie mit der Flexibilität und der Gleichgestelltheit der zufälligen Familie zu verbinden. Es ist dies die moderne, auf Kommunikation ausgerichtete Familie, die ein Gleichgewicht zwischen Veränderung und Stabilität herstellen will. Individuelle Interessen sollen mit denen der Familie vereint werden. Es wird als wichtig angesehen, gemeinsam Übereinkünfte zu erwirken. Kommunikation ist vorherrschender Wert, miteinander zu kommunizieren wird als eine besondere Kunst angesehen.

Der verborgene Familienstil schließlich bildet den Gegensatz zum offenen. Hier verläßt man sich auf ein stilles Verstehen ohne offene Kommunikation. Regeln gelten unausgesprochen, und von allen wird Verständnis erwartet. Nach außen wirkt die Familie ruhig und ausgewogen. Bei Regelwidrigkeiten findet die Kommunikation gewöhnlich nonverbal statt, leichte Veränderungen des Gesichtsausdrucks oder ein veränderter Tonfall geben Unmut kund. Kommentare werden indirekt ausgesprochen, eine offene Konfrontation ist undenkbar.

Alle diese Familienstile gelten als völlig funktionstüchtig. Studien zur Familie, die die Schwierigkeiten beim Zusammenspiel innerhalb einer Familie betrachteten, haben gezeigt, daß es sehr schwer ist, einen Familienstil zu verändern. Glücklicherweise ist das auch nur selten notwendig, oft genügt es schon, den existierenden Familienstil zu verbessern. In seinem Familienstil fühlt man sich immer spontan zu Hause. Das bedeutet allerdings nicht, daß man ihn auch immer mag, aber man fühlt sich darin doch geborgen. Der Stil anderer Familien kann als verlockend empfunden werden, bleibt aber doch fremd. Eltern vermitteln ihren Kindern immer schon durch ihre Art zu leben einen Familienstil. Deshalb können Eltern sich auch darüber beunruhigen, ob ihre Kinder mit ihrem Verhalten außerhalb der Grenzen des Familienstils liegen oder sich gar an den Grenzen eines anderen Familienstils orientieren, wie sie ihn vielleicht bei einem Freund kennengelernt haben. Oftmals erwecken die Jugendlichen den Eindruck, als wäre es ganz einfach, sich die Werte anderer Familien zu eigen zu machen. Jede Familie hat ihren Stil, und man lebt damit. Es gibt aber doch einige Aspekte, die zu Komplikationen führen können. Drei davon sollen hier beschrieben werden.

Loyalität gegenüber der Ursprungsfamilie der Eltern

Schon die Eltern bringen in das Zusammenleben die verschiedenen Stile ihrer Familien mit, und das kann Streit über die unterschiedlichen Werte mit sich bringen. Jeder Elternteil argumentiert und handelt aus seiner eigenen Überzeugung und Erfahrung heraus, immer mit der Absicht, das Beste für Familie und Kinder zu tun. Aus diesem Grund fällt es ihm schwer, von seiner Einstellung Abstand zu nehmen, denn das würde zudem als feige oder unloyal, nicht zuletzt gegenüber der eigenen Ursprungsfamilie und den eigenen Eltern, empfunden werden: «Meine Mutter hat mir beigebracht, daß es wichtig ist...» Wenn Eltern jeweils für die eigene Sache streiten und dem Modell des anderen keine Chance geben, dann wird das Kind oder der Jugendliche natürlich in den Konflikt mit hineingezogen.

«Du sollst so leben, wie ich es dir sage, nicht so, wie ich lebe»

Bei der Vermittlung von Werten innerhalb der Familie wird oft mit zweierlei Maß gemessen. Einerseits sind die Eltern in ihren spontanen Handlungen und Reaktionen, die oft ganz unbewußt sind, Vorbilder. Auf der anderen Seite wollen die Eltern ihren Kindern ganz bewußt Werte vermitteln, wollen sie «erziehen». Da kann es passieren, daß diese beiden Ebenen in Konflikt miteinander geraten, weil die Eltern von ihren Kindern Dinge fordern, die sie selbst nicht vorleben. «Warum muß ich alles in meinem Zimmer aufräumen, wenn auf deinem Schreibtisch so ein Durcheinander herrscht?» «Warum muß ich immer pünktlich zu den Mahlzeiten erscheinen, wenn du dich verspätest, ohne auch nur anzurufen?»

Manchmal kann das ganz richtig durch ein: «Das darfst du auch, wenn du erwachsen bist» oder ein: «Das ist ein Unterschied, das weißt du doch» erklärt werden, oft wird dadurch aber nur wegerklärt, daß die Eltern nicht so leben, wie sie es lehren. Das ist an und für sich keine große Sache, denn natürlich ist es nicht leicht, auch in allem so zu leben, wie man es lehrt, vor allem da man nur das Beste für seine Kinder will und deshalb oft ehrgeizige Pläne für die Erziehung hegt. Wichtig ist aber nicht, ob man die Werte, die man vorgibt, auch selbst lebt, sondern daß man dazu steht, daß man es auch selbst oft nicht schafft. Ganz falsch ist es sogar, wenn man das Kind oder den Jugendlichen lächerlich macht, wenn er einen darauf hinweist. Der junge Mensch wird das als große Feigheit ansehen, und das wird die Autorität der Eltern stark untergraben.

Bringen die Eltern sehr unterschiedliche Stile mit in die Familie, und versuchen sie dann, sich dem Stil des anderen anzupassen, so bringt auch das Probleme mit sich. Auch wenn der eine Familienstil zum offiziellen Erziehungsstil geworden ist, kann es dem anderen Elternteil schwerfallen, spontan nach dem ihm eigentlich fremden Stil zu handeln, und es kann ihm unmöglich sein, die neuen Werte anzunehmen. Ein Mann aus einer Familie mit verschlossenem Stil wird sich autoritär verhalten, wenn er sich einem offenen Stil anpassen will. Er wird den Kindern «vorschreiben» zu diskutieren und sich zu einigen, wird hingegen selbst immer in eigener Regie so handeln, wie es den Interessen der Familie entspricht – so, wie er sie sieht –, ohne die Sache zu diskutieren.

Kulturelle Konflikte

Unterschiedliche Kulturen vermitteln unterschiedliche Werte. Eltern können sich völlig einig sein, wie die Familie funktionieren soll, und es mag kaum Unterschiede zwischen dem, was sie leben, und dem, was sie lehren, geben. Und dennoch können Probleme dadurch entstehen, daß der von ihnen vertretene Familienstil in Konflikt steht mit der Auffassung von Familie, wie sie in der näheren Umgebung, zum Beispiel in den Familien von Spielkameraden der Kinder oder in Kindergarten oder Schule, vertreten wird. Einwanderer aus fremden Kulturen und Sprachgebieten haben damit ebenso zu kämpfen wie einheimische Familien, die innerhalb des Landes von einem Kulturgebiet in ein anderes umziehen. Es kann hierbei nicht genug betont werden, daß es natürlich überhaupt nicht darum geht, was richtig und was falsch ist, schließlich «führen viele Wege nach Rom». Aber jeder Familienstil hat seine Form und seine innere Logik, die nur in begrenztem Umfang verändert werden können. Werden jedoch bestimmte Grenzen überschritten, dann kann der Stil der Familie nicht mehr funktionieren.

Warum rede ich hier so viel von den Familienstilen? Ja, wenn ein Jugendlicher sich auf eine bestimmte Weise verhält, dann ist es wichtig, daß man das auf dem Hintergrund des Familienstils sieht, in dem er aufgewachsen ist. Wir, die wir auf das Verhalten des Jugendlichen reagieren, tun das aus unserer Auffassung von Familie heraus. Kennen wir unseren eigenen Stil nicht, und sind wir uns der Werte und Regeln nicht bewußt, auf denen unsere Familie gegründet ist, dann können wir den Jugendlichen leicht mißverstehen. «Das war ja ein fauler und unerzogener Typ. Er trägt nicht einmal seinen Teller in die Küche, wenn er mit Essen fertig ist. Glaubt der, daß wir Erwachsenen nichts anderes zu tun haben, als hinter den Jungen herzuräumen?» «Jetzt ist sie wieder mit so einem nonchalanten Typ zusammen. Der scheint seinen Eltern überhaupt nie etwas zu erzählen. Wie ist denn der erzogen?»

Man kann durchaus nach Art des eigenen Familienstils auf das Verhalten von Jugendlichen reagieren. Aber man kann keine rechten Schlüsse über die Persönlichkeit eines Jugendlichen oder seine Familiensituation ziehen, ohne den Familienstil und die Werte zu kennen, mit denen er aufgewachsen ist.

Jedes Kind wächst in seiner besonderen Familie auf

Ist also der Familienstil entscheidend, was die Entwicklung des Jugendlichen innerhalb der Familie angeht? Nein, so einfach ist es nicht, denn die Bedeutung der Familiensituation für das Aufwachsen eines Kindes ist in den letzten Jahren immer wieder unterschiedlich gewichtet worden.

Früher gingen die Wissenschaftler davon aus, daß die Lebensart einer Familie die gemeinsame Basis für die Entwicklung der Geschwister war. Heute ist man der Ansicht, daß jedes Familienmitglied in seiner eigenen psychologischen Familie aufwächst. Zwei amerikanische Wissenschaftler, Judy Dunn und Robert Plomin, haben Geschwister beobachtet. Ihren Forschungsergebnissen zufolge kann die Ähnlichkeit von Geschwistern, was Begabungen, Persönlichkeit und psychische Probleme angeht, gänzlich durch die gemeinsamen Erbanlagen erklärt werden. Zieht man aber dieses gemeinsame Erbe ab, dann ist ein Kind seinen Geschwistern nicht ähnlicher als jedem anderen Kind aus einer anderen Familie.

Die gemeinsame Lebensart innerhalb der Familie macht Geschwister nicht gleicher, und die psychologische Verwandtschaft von Geschwistern ist keineswegs so groß wie man dachte. Das folgende soll dies verdeutlichen:

Wenn ein fünfjähriges Kind eine Mutter hat, die sparsam mit Zärtlichkeiten ist und streng auf Regeln achtet, dann wird dieses Kind die Situation auf eine bestimmte Weise empfinden. Hat dasselbe Kind nun aber ein Geschwister, dem die Mutter mehr Zärtlichkeit schenkt, mit dem sie spielt und das sie häufig umarmt, dann wird das Fünfjährige die Strenge der Mutter ihm gegenüber in einem anderen Licht sehen. Es wird Trauer und Ungerechtigkeit empfinden. Wird die Mutter später auch zu dem jüngeren Geschwister strenger, dann wird das jüngere Geschwister den Eindruck haben, «mehr» bekommen zu haben, während das ältere meint, mit «weniger» abgespeist worden zu sein. Objektiv gesehen sind beide gleich behandelt worden, aber die Mutter war dem jüngeren gegenüber immer vergleichsweise großzügiger, und das ältere Kind hatte keinen Vergleich, als es jünger war, denn damals gab es ja das Geschwisterchen noch nicht. Kinder gründen ihre Wertvorstellungen auf Vergleiche. Sie vergleichen, was sie von ihren Eltern bekommen, und bauen darauf ihr Selbstgefühl auf. Deshalb reagieren Geschwister auch so empfindlich auf Ungerechtigkeiten.

Natürlich ist entscheidend, ob in der Beziehung zu den Eltern die grundlegenden psychologischen Bedürfnisse des Kindes befriedigt werden. Erhält das Kind «objektiv gesehen» immer zu wenig, dann ist es ein schwacher Trost, daß ein anderes Geschwister noch weniger bekommt.

Die neue Herausforderung, Eltern eines Jugendlichen zu sein

Verlassen wir nun die allgemeinen Überlegungen zur Familie und konzentrieren wir uns etwas mehr auf das, was in der Familie, in der ein Jugendlicher heranwächst, geschieht. Das Äußere des Kindes verändert sich, es kommt in die Pubertät und sein Körper nimmt die

Formen eines jungen Erwachsenen an. Seine psychische Ausstrahlung verändert sich. Wie wirkt sich das auf die Familie aus? Ein kleines Bild:

Sonntagmorgen bei Familie Meier. Es ist Sommer, und Papa Klaus, 43 Jahre alt, sitzt am Frühstückstisch und rührt zerstreut in seiner Kaffeetasse, während er die Sportseiten der Zeitung liest. Da kommt Kathrin hereingestürmt, 16 Jahre alt, in Shorts mit nackten Beinen, engem T-Shirt ohne BH darunter, das lange Haar mit einem Stirnband in hellen Farben zurückgehalten. Sie sagt «hallo», gibt Papa Klaus einen federleichten Kuß auf die Wange und sinkt auf einen Stuhl, fröhlich eine Rockmelodie summend. «Ich fahre mit Leo weg, wir übernachten auf seinem Grundstück draußen.» Kathrin legt den Kopf zurück und räkelt sich. «Wann kommst du nach Hause?» fragt plötzlich eine andere Stimme, und Klaus wird bewußt, daß seine Frau Birgit, 41 Jahre alt, auch am Frühstückstisch sitzt. Sein Blick wechselt von Kathrin zu Birgit. Ausgebeulter Morgenrock, geplatzte Äderchen am Knöchel, kleine Falten am Hals, Lockenwickler im Haar und Reste der Nachtcreme auf den Wangen. Klaus schaut wieder zu Kathrins frischer Erscheinung. Er verliert sich in Gedanken und seufzt leise.

Jetzt kommt Jochen, 18 Jahre alt, ein kräftiger, großer und muskulöser Junge. Er zieht locker den schweren Küchenstuhl unter dem Tisch hervor und läßt sich nieder. «Er erinnert mich an Klaus, als der noch jung war», denkt Birgit und sieht zu ihrem Mann hinüber, der schon wieder in die Sportseiten der Zeitung versunken ist. «Früher hat er etwas unternommen», denkt sie, «heute liest er nur noch oder hängt vor dem

Fernseher.» Sie betrachtet Klaus. Die Lesebrille hängt auf der Nasenspitze. Die beginnende Glatze wird immer deutlicher, ein paar «Schwimmringe» schauen unter dem Pullover, der zu kurz ist, hervor, und er schlürft wie immer, wenn er seinen Kaffee austrinkt. «Tschüs», sagt Jochen und steht rasch und geschmeidig auf.

«Er ist wie eine große Katze», denkt Birgit und schaut Jochen nach, dessen breite Schultern durch die Tür verschwinden. Auch Kathrin steht auf und geht. «Ein schickes Mädchen», denkt Birgit und fühlt Stolz, aber auch einen kleinen Stich. Es ist still geworden. Birgits und Klaus' Blicke treffen sich für einen Augenblick, dann sehen beide ein wenig verschämt zur Seite. «Dann gehe ich mal in die Waschküche», sagt Birgit und steht auf. Klaus sitzt noch dort, irgend etwas arbeitet in ihm. Er faltet die Zeitung zusammen und schaut in die Ferne.

Hier habe ich eine bestimmte Seite der Familie mit Jugendlichen hervorgehoben. Die Entwicklung der Kinder macht den Eltern klar, daß die Zeit vergeht. Die körperliche Veränderung der Kinder verdeutlicht, daß sich auch die Körper der Eltern verändern. Da werden Vergleiche angestellt, Erinnerungen geweckt, Neid, Konkurrenz und Sehnsucht hervorgerufen. Das ist völlig normal. Die Frage ist nur, wie man damit umgeht. Gefährdet die Unberührtheit der Kinder das Selbstwertgefühl der Eltern? Können sich die Eltern mit dem Gedanken anfreunden, daß sich der eigene Körper verändert, ebenso wie der des Partners? Kann die Sexualität weiterleben und neue Formen finden? Oder wird sich das erotische Interesse der Eltern vielleicht vom Partner auf den Jugendlichen verlagern?

Die Entwicklung der Jugendlichen richtet den Blick der Eltern schonungslos auf sich selbst und aufeinander. Und doch muß die neue Erscheinung des Halbwüchsigen von den Eltern wahrgenommen und vorsichtig unterstützt werden. Nicht zu viel, aber auch nicht zu wenig. Zu wenig Bestärkung läßt den Jugendlichen in einer Art Vakuum zurück, und das wirkt sich negativ auf das Selbstwertgefühl aus. «Findet er nicht, daß ich gut aussehe?» «Findet er nicht, daß ich unwiderstehlich bin, wenn ich mich für die große Fete so zurechtgemacht habe?» Dagegen gibt zu viel Reaktion von seiten der Eltern, zu viele anerkennende Kommentare und Blicke dem Jugendlichen zwar einen äußerlichen Auftrieb, aber auch einen seltsam beunruhigenden Beigeschmack und ein Gefühl der Peinlichkeit.

Alte Werte müssen eingefordert werden

Natürlich werden Eltern nicht nur auf der sexuellen, erotischen Ebene von ihren halbwüchsigen Kindern herausgefordert. Ich sage «herausfordern», auch wenn die Jugendlichen vielleicht nicht im geringsten herausfordernd auftreten. Es geht vielmehr darum, welche Beziehung sie zu den ausgesprochenen oder unausgesprochenen Werten und Regeln der Familie haben. Jeder Familienstil hat seine für ihn charakteristischen Werte und Reglementierungen, die in Generationen entwickelt und durch die Erfahrungen, die man in seiner sozialen Umgebung machte, geformt wurden.

Das Wertesystem einer Familie wird dadurch geformt, daß die Familienstile des Paares, der späteren Eltern, aufeinandertreffen, sich angleichen und im besten Fall zu einer Einheit zusammengeflochten werden. Aber die

Werte müssen neu bestimmt werden, wenn sich die Familie verändert.

Eine der schwierigsten Veränderungsphasen beginnt, wenn die Kinder zu Jugendlichen werden und wenn nun die Werte, die bisher das Gleichgewicht zwischen Rechten und Pflichten, zwischen Selbständigkeit und Abhängigkeit von der Familie steuerten, modifiziert werden müssen. Das klassische Schlachtfeld:

- Das Zimmer aufräumen. Wieviel Unordnung im Zimmer des Jugendlichen können die Eltern akzeptieren, und welche Druckmittel können sie anwenden, um eine Veränderung durchzusetzen, wenn die Situation unhaltbar wird?
- In der Familie mithelfen. Putzen, Kochen, Spülen – in allen Familien kommt die Frage auf, wie die gemeinsamen Pflichten verteilt werden sollen.
- Taschengeld. Wieviel soll es sein, und was soll man davon alles kaufen können? Jede Familie hat ein bestimmtes Einkommen, das den Rahmen vorgibt, und ökonomische Ressourcen können nach unterschiedlichen Prinzipien verteilt werden.
- Abends ausgehen. Wie lange, mit wem und zu welchen Veranstaltungen? Eltern haben Verantwortung für ihre Kinder und deren Verhalten, nicht nur innerhalb der Familie, sondern auch außerhalb. Welchen Prinzipien soll diese Verantwortung unterliegen?
- «Erzähl mal, was du vorhast.» Was müssen Eltern wissen, was dürfen die Jugendlichen gern für sich behalten, und wo müssen sich die Eltern damit abfinden, etwas nicht erzählt zu bekommen, obwohl sie es gern wüßten? Selbständig zu werden heißt,

mehr Verantwortung zu übernehmen, und das bedeutet auch, daß man die eigenen Grenzen kennenlernt. Diese Fähigkeit wird nach und nach zusammen mit anderen geistigen Eigenschaften entwickelt. Wieviel Freiraum können Eltern ihren Halbwüchsigen lassen? Dürfen diese innerhalb dieses Freiraums auch experimentieren?

Natürlich wird der Jugendliche nicht über Nacht selbständig. Die Eltern haben sich über die Jahre hinweg schon daran gewöhnt, ihrem Kind allmählich größeren Freiraum zu lassen und ihm mehr Verantwortung für seine persönlichen Angelegenheiten zu übertragen. Gleichzeitig verlangen sie mehr und mehr Anteilnahme und Verantwortlichkeit, was die gemeinsamen Belange der Familie betrifft. Wie diese Situation gehandhabt wird, wenn das Kind in die Pubertät eintritt, hängt davon ab, ob man gelernt hat, die Werte und Regeln der Familie zu modifizieren und den veränderten Bedürfnissen der einzelnen Familienmitglieder anzupassen.

Wenn das Kind zum Jugendlichen wird, dann genügt es nicht, die Werte zu verändern, sondern man muß auch eine klare Position beziehen, nach welchen Regeln das geschehen soll. Denn der Jugendliche möchte mithelfen, die Werte zu verändern, aber es ist nicht klar, wer jetzt bestimmt, wann eine Regeländerung zulässig ist. Wer darf bestimmen, wer was bestimmen darf?

In einer Familie mit einem Jugendlichen wird man niemals in allem einig sein, und das ist auch vollkommen normal. Eine gewisse Uneinigkeit muß man aushalten können. Bestehende Verhältnisse müssen diskutiert werden. Die Verhandlungen hierzu werden jedoch keineswegs immer im Klartext geführt, sondern laufen auf unterschiedlichen Ebenen durch bestärkende oder abwertende Handlungen ab. Die unterschiedlichen Familienstile schreiben auch hier verschiedene Diskussionsrahmen vor. Innerhalb der offenen Familie wird es sicher offene Diskussionen über die verschiedensten Themen geben. Innerhalb der verschlossenen Familie ist es vielleicht eher so, daß der Jugendliche intuitiv weiß, wann es an der Zeit ist, sich so zu verhalten, daß eine Grenze überschritten wird. Die Zustimmung hierzu erhält er von den Eltern dadurch, daß sie nicht reagieren, oder wenn doch, daß sie dann weniger heftig reagieren als erwartet.

Vertraute Szenen

Eine stille Übereinkunft

Max, 14 Jahre alt, muß um 23.30 Uhr zu Hause sein, das sagen seine Eltern. Sie behaupten, daß man sich «darauf geeinigt» habe. Max sieht ein, daß es keinen Sinn hat zu protestieren. Wenn er darauf hinweist, daß hier keineswegs von einer Übereinkunft die Rede sein kann, sondern daß es sich um eine Anweisung handelt, dann würden die Eltern nur ärgerlich werden und Druck auf ihn ausüben wollen. Max gibt Kontra, indem er um 23.55 Uhr nach Hause kommt. Die Eltern entscheiden sich dafür, ruhig zu bleiben und ihn nicht zu kritisieren. Auch Max trumpft nicht auf, denn er ist nicht auf einen Kampf aus, sondern will der «Übereinkunft» lediglich seinen eigenen Stempel aufdrücken. Er kommt in der Folgezeit immer vor 23.45 nach Hause, und die Eltern akzeptieren diese unausgesprochene Modifikation der Übereinkunft.

Hätte Max einen Konflikt heraufbeschworen, wäre er länger und länger ausgeblieben, dann hätte er damit seine Eltern zu einer Konfrontation gezwungen. Sicher war es ihm geradezu ein Bedürfnis, in dieser Sache mitzuentscheiden. Es ging ihm dabei eben nicht um einen Kampf mit den Eltern, sondern darum, die Grenzen der Eltern auszuloten und zu erwägen, welche er einhalten und welche er überschreiten möchte. Indem sie sich still verhielten, hatten die Eltern Gelegenheit, näher herauszufinden, was Max wollte. Hätten sie sogleich eine Konfrontation heraufbeschworen, dann hätten sie niemals herausbekommen können, ob Max einfach nur mitbestimmen wollte oder ob er auf einen tiefgreifenden Konflikt mit den Eltern aus war.

Auf Max' innerer Bühne stand der *Lobende,* der es gut fand, daß Max für seine Interessen eintrat und zeigte, daß er nun mitreden wollte. Derselbe *Lobende* hatte früher gut gefunden, wenn er gehorsam war, aber dieser Gehorsam würde inzwischen wie Unterwürfigkeit wirken. Derselbe *Ankläger,* der Max in Unruhe versetzen konnte, wenn er ungehorsam war, verhält sich nun plötzlich abwartend. Der *innere Wegweiser* kann also zufrieden feststellen, daß die Verhaltensweise – 25 Minuten zu spät zu erscheinen – gut ausgewählt war. Max hat sich deutlich verhalten, aber doch die Eltern nicht verärgert oder einen Konflikt heraufbeschworen – das wird vom *Lobenden* anerkannt.

Tina ist 13 Jahre alt und muß um 23.00 Uhr zu Hause sein. Ihr Vater ist der Ansicht, daß das schon viel zu spät ist, aber die Mutter hat auf ihn eingewirkt, den Ausgang bis zu dieser Uhrzeit zu erlauben. Es wird 23.25 Uhr, ohne daß Tina erschienen ist. Sie kommt fünf Minuten später. Der Vater empfindet das als viel zu spät, die Mutter meint, daß das wohl mal ginge, und der Vater sagt deshalb nichts, ist aber böse auf Tina, als sie nach Hause kommt. Die Stimmung ist unangenehm. Beim nächsten Mal kommt Tina um 23.45 Uhr. Der Vater ist wütend und akzeptiert die vielen Entschuldigungen, die Tina anbringt, nicht. Er verlangt, daß Tina in Zukunft um 22.00 Uhr zu Hause sein soll. Tina weint, ist gekränkt und fühlt sich ungerecht behandelt. Die Mutter bittet, aber der Vater bleibt hart.

In einer Nacht in der nächsten Woche kommt Tina überhaupt nicht nach Hause. Sie hat bei einer Freundin übernachtet, will aber nicht sagen, bei welcher. Am nächsten Samstag darf sie überhaupt nicht weggehen. Die Mutter ist verzweifelt, und Tina ist sauer und beleidigt. Sie stiehlt sich trotzdem aus dem Haus, obwohl ihr das nicht erlaubt ist, und kommt erst am Sonntagabend zurück. Die Mutter ist außer sich vor Unruhe und glaubt, daß der Vater das Mädchen auf die Straße hinausgejagt habe, während dieser, wenn auch im Innern machtlos und unruhig, vor Wut rast und seine Frau beschuldigt, durch ihre Nachgiebigkeit den Konflikt heraufbeschworen zu haben. Die Mutter hingegen beschuldigt nun ihren Mann, zu selten bei der Familie gewesen zu sein und sie zu oft mit Tina allein gelassen zu haben, weshalb sie das Kind verwöhnt habe.

Abgesehen davon, daß Tina die Belastbarkeit ihres Vaters und seine Fähigkeit, einen sinnvollen Dialog mit ihr zu führen, testet, legt sie einen alten, unbearbeiteten Konflikt zwischen den Eltern bloß. Wenn es den Eltern nun nicht gelingt, diesen Konflikt miteinander zu lösen, dann wird er wieder eskalieren, wenn Tina ihren Vater noch stärker belastet.

Tina befindet sich in einer schwierigen inneren Lage. Eigentlich wünscht sie sich einen besseren Kontakt zu ihrem Vater, und der *innere Wegweiser* befindet dies auch für richtig, da die beiden über die Jahre hinweg keine ausreichende Beziehung zueinander entwickeln konnten. Aber der *Lobende* zögert, er empfindet es als ungut, daß Tina gezwungen werden könnte, um diesen Kontakt zu bitten. «Lieber Papa, darf ich mehr mit dir zusammen sein» – das paßt nicht zu einer Dreizehnjährigen. Nicht auszudenken, wenn Tina abgewiesen würde, das wäre auf dem Hintergrund der Erfahrungen, die sie und ihr Vater miteinander haben, absolut vernichtend. Der *innere Wegweiser* muß kapitulieren. Eine Möglichkeit wäre, den Vater dazu zu bringen, sich zu engagieren. Das ist ein sehr riskantes Vorhaben, denn der Vater ist immer dann am meisten engagiert, wenn Tina Probleme macht. Aber die Not kennt kein Gebot.

Also macht Tina Schwierigkeiten und kommt zu spät. Vielleicht können die beiden miteinander reden, denn der Vater scheint sich ja etwas aus der Sache zu machen. Aber nein, mit ihr zu reden würde für ihn heißen, sie zu verwöhnen. Im Grunde würde er das natürlich gern tun, nur würde er dann die innere Grundlage für seine Wut gegenüber Tinas Mutter verlieren. Er braucht aber wiederum eine sehr gute Basis für seine Wut, denn sonst hätte er gar keine Rechtfertigung gegenüber seinem schlechten Gewissen, weil er so oft von zu Hause fort war, als Tina noch klein war.

All das konnte Tinas *innerer Wegweiser* ja nicht wissen. Der Versuch, Kontakt zum Vater zu bekommen, ist gescheitert. Der Vater wurde verärgert, und Tina fühlte sich verletzt und mißverstanden. Der *Lobende* fordert nun einen Konflikt zur Rettung des beschädigten Selbstwertgefühls. Der *innere Wegweiser* seufzt und muß akzeptieren. Die Hoffnung auf eine bessere Beziehung zum Vater muß auf die Zukunft verschoben werden. Nun muß erst einmal die Frage gelöst werden, wie groß der geforderte Konflikt sein muß, um das Selbstwertgefühl zu retten.

Zwischen diesen beiden Szenen gibt es alle möglichen Varianten. Es ist schwer für Eltern, mit ihren Uneinigkeiten umzugehen, zumal ihnen diese wahrscheinlich kaum bewußt waren, bevor die Kinder anfingen, ihre Grenzen auszuloten. Darüber hinaus ist es schwer, Formen für die Mitbestimmung der Jugendlichen zu finden, die einerseits ihre berechtigten Forderungen nach Selbständigkeit berücksichtigen und andererseits doch ihren Verhandlungsstil und ihr Bedürfnis nach Protest nicht außer acht lassen. Manche Jugendliche passen sich den Wünschen der Eltern an, würden aber zum Schutz ihrer Selbständigkeit niemals zugeben, daß sie das tun. Das heißt, daß man «im Klartext» niemals einig sein wird, daß die Eltern aber einen recht gut funktionierenden Alltag zustande bringen können, wenn sie keine von beiden Seiten ausdrücklich bekräftigten Übereinkünfte verlangen.

Anderen Jugendlichen wiederum ist es unmöglich,

auch noch so berechtigt scheinende Wünsche der Eltern zu erfüllen. Es wäre für ihr verletzliches Selbstwertgefühl allzu kränkend, wenn sie offen zugeben würden, daß die Eltern über sie bestimmen und sie lenken dürfen. Doch auch diese Jugendlichen sehnen sich nach einem geregelten Alltag und können sich unter Protest fügen, wenn kein großes Aufheben davon gemacht wird. Diese ständigen offenen und gleichzeitig verborgenen Verhandlungen sollten möglichst mit dem geringsten Gesichtsverlust für beide Partner vor sich gehen. Das kann die Flexibilität der Eltern und ihre Fähigkeit zusammenzuarbeiten auf eine harte Probe stellen.

Daß sich diese Verhandlungen schwierig gestalten, liegt zum einen daran, daß Eltern und Jugendliche völlig unterschiedliche existentielle Positionen einnehmen, so daß sie die gegenseitigen Absichten völlig unterschiedlich interpretieren. Was Eltern als Umsichtigkeit und Ausdruck für Zuneigung betrachten, zum Beispiel: «Solltest du nicht Handschuhe anziehen, es ist kalt draußen?», werden manche Jugendliche als einen schwerwiegenden Eingriff in ihre Privatsphäre ansehen. «Wird es heute abend spät?» oder «Mit wem triffst du dich?» wird von manchen Jugendlichen als unendliche Neugier und als Kontrollsucht der Eltern empfunden, während die Eltern darin nur ein berechtigtes und sachliches Interesse sehen.

Die Art der Jugendlichen sich zu kleiden kann von den Eltern als eine Herausforderung gegenüber den Werten und dem Stil der Familie angesehen werden, während es dem Halbwüchsigen nur um die Solidarität mit der Clique geht. Daß die Familie sich herausgefordert fühlt, ist eine bloße Konsequenz aus der

Kleidung der Jugendlichen, war aber nicht unbedingt als solche intendiert.

Wenn der Lebensstil der Eltern in Frage gestellt wird

Die Entwicklung des Jugendlichen bringt für die Eltern nicht nur eine Belastungsprobe ihrer Fähigkeit mit sich, das Wertesystem der Familie gemeinsam zu überdenken, sondern stellt auch Lebensstil, Beruf und Interessen der Eltern zur Diskussion. Eltern müssen damit rechnen, daß ihre Halbwüchsigen ihren Lebensstil in Frage stellen. Das kann ganz offen geschehen: «Du bist ja verrückt, daß du so viel rauchst.» — «Warum haben wir nicht ein Auto mit Katalysator?» — «Hast du überhaupt keine anderen Interessen als deine Arbeit?» — «Wie kannst du nur Kosmetika verwenden, die an Tieren getestet werden?» — «Fleisch zu essen ist doch barbarisch, was hast du für ein Recht, die Körper von anderen zu essen?» — «Wie kannst du nur die Konservativen wählen, weißt du nicht, wie man Solidarität buchstabiert?» — «Warum haben wir keine Mülltrennung?»

Die Kritik an den Werten der Eltern kann sich jedoch auch unausgesprochen in der Wahl der eigenen Interessen, Aktivitäten und politischen Ansichten des Jugendlichen ausdrücken. Seine Entscheidungen wirken auf die Eltern oft provozierend. Dennoch schätzen viele Eltern in ihrem Innern die Kritik der jungen Leute, obwohl sie sich dadurch ihrer Inkonsequenz und Schwäche bewußt werden und wenngleich sie das ihre Kinder niemals merken lassen würden. Allerdings können

Eltern auf eine sehr schmerzhafte Weise gekränkt werden, vor allem dann, wenn die Jugendlichen die Kritik an den Eltern als eine Waffe anwenden, um diese zu verletzen und einzuschüchtern. Da hilft es dann nicht viel, daß die Eltern vielleicht wissen, daß auch der Jugendliche selbst sich unterlegen und eingeschüchtert fühlt.

Jugendliche haben ein unglaubliches Gespür für die Schwächen ihrer Eltern, sie sticheln mit spitzen Nadeln und legen ihren Finger auf jede Wunde. Dies kann, wie bereits gesagt, die allgemeine Kritik an der Welt der Erwachsenen sein. Es kann aber auch für den Jugendlichen einen Weg bedeuten, ein Mächtegleichgewicht herzustellen, wo bisher ein für ihn unvorteilhaftes Ungleichgewicht bestand. Alle Eltern müssen versuchen, die Ursachen des Verhaltens gerade ihres Kindes zu verstehen.

Die Entwicklungspsychologen betonen immer wieder, daß die Pubertät eine Zeit ist, in der das Kind die Gelegenheit erhält, einen Teil der bisherigen negativen Entwicklungsschritte zu revidieren. Vielleicht liegt ein tieferer Sinn darin, daß die Jugendlichen so zielstrebig auf die Schwächen der Eltern zusteuern, weil die Eltern damit eine weitere Chance erhalten, ihre ungelösten inneren Konflikte zu lösen und ihr eigenes brüchiges Selbstwertgefühl zu festigen.

Indem die Schwächen der Eltern offenbar werden, wird ihnen auch die Möglichkeit eröffnet, sich ihrer inneren Probleme und ihrer problematischen Verhaltensweisen gewahr zu werden und diese durch Selbstreflexion zu verändern. Auf gewisse Weise geben also die Jugendlichen ihren Eltern einen wichtigen Anstoß zu Veränderung, Reife und Entwicklung.

Natürlich ist es unsinnig, daß Eltern sich in allen Punkten verändern, die die Kinder in Frage stellen. Manchmal braucht ein Jugendlicher auch einen lebenden Beweis dafür, daß Erwachsene standhaft sind und sich gegen Angriffe auf ihren Lebensstil und ihre Werte auf ausgewogene Weise verteidigen können. Allerdings bleibt es das Problem der Eltern, nun zu entscheiden, wann es wichtig ist, sich standhaft zu zeigen, und wann es angebracht ist, auf den Jugendlichen zu hören und sich vielleicht zu verändern. Allerdings kann man wohl kaum verlangen, daß verärgerte und gekränkte Eltern sich für die «Entwicklungshilfe» bedanken. Davon abgesehen ist es auch keineswegs so, daß der Jugendliche seine Attacke in der bewußten Absicht reitet, hilfreich zu sein. Dieser Prozeß ist vielmehr eine weise Einrichtung der Natur, in der die Teilhabe eines Menschen am Lebenslauf eines anderen die gegenseitige Entwicklung anregt. Vielleicht ist es ja ein Trost für Eltern, daß das Verhalten eines Jugendlichen, das oft nach purer Aggressivität aussieht, auch konstruktive Möglichkeiten beinhaltet. Denn wenn es dem Heranwachsenden gelingt, zur Weiterentwicklung seiner Eltern beizutragen, dann wird er in seinen Eltern gleichzeitig ein noch besseres Verhaltensmodell und Identifikationsobjekt zur Verfügung haben.

Die Machtlosigkeit des Jugendlichen mittragen

Abwertung als Ausgleich für Abhängigkeit

Es gibt Phasen im Leben eines Jugendlichen und seiner Familie, die besonders schwierig sind. Nehmen wir einmal an, daß der Jugendliche mit Mutter oder Vater – oder beiden – uneins ist. Wie ich bereits schrieb, dient die Abwertung der Eltern dem Halbwüchsigen dazu, das für sein Selbstwertgefühl verletzend Wirkende zu unterdrücken. Die Eltern taugen zu nichts, sie verstehen nichts, sind hoffnungslos altmodisch, ihre Erfahrungen sind wertlos. Sie mischen sich nur andauernd ein – mit anderen Worten: Am besten käme man ohne sie zurecht, es gibt keinen Grund, sie zu vermissen, wenn sie fort sein sollten.

Im Innern des Jugendlichen kann es jedoch ganz anders aussehen. Seine Lage erinnert an die Walt-Disney-Version von Aschenputtel:

> Aschenputtel steht am Fenster und schaut zum hell erleuchteten Schloß hinüber, wo der Ball stattfindet, der unerreichbar für sie zu sein scheint. Sie sagt zu sich selbst: «Was ist schon ein Ball im Schloß, es kann dort schrecklich und furchtbar langweilig sein.» Einen Moment lang schweigt sie, und unterschiedliche Gefühle kämpfen in ihr. Sie lehnt sich aus dem Fenster. Die Sehnsucht scheint zu siegen, und sie sagt: «Aber es kann auch einfach wunderbar sein.» Ihre Stimme ist schwach, und für einen Augenblick versinkt sie träumend ganz in ihrer Phantasiewelt.

Nun hat der Jugendliche die Familie nicht so vor Augen wie Aschenputtel den Prinzen, aber die süße Sehnsucht nach den Schönheiten des Kinderlandes und der Schmerz, all dem fernbleiben zu müssen, ist vergleichbar. Die Abwertung der Eltern führt vielleicht dazu, daß diese sich auf unterschiedliche Weise anstrengen, es ihrem Kind recht zu machen. Sie hoffen, dadurch sein geringschätziges Verhalten, das sie als sehr schmerzhaft empfinden, einzudämmen. Manchmal gelingt das, und die Beziehung wird dadurch verbessert.

Abwertung als Spiegelung eines existentiellen Problems

Wenn die Geringschätzung eine Strategie ist, um der Sehnsucht entgegenzuwirken, dann werden sich die Beziehungen innerhalb der Familie erst dann verbessern, wenn der Jugendliche eine Beziehung außerhalb gefunden hat, die diese Sehnsucht in eine Zukunft kanalisiert. Dazu ist auch wichtig, daß man neue Hoffnung schöpfen kann. Vielleicht hat der Jugendliche eine neue Beziehung, in der zumindest die Phantasie, wenn schon nicht die Wirklichkeit Hoffnung auf zukünftige zufriedenstellende Nähe weckt. Wenn die Geringschätzung dennoch weiter besteht, sind die Eltern ratlos und fühlen sich machtlos, wertlos und frustriert: «Was wir auch tun, alles ist verkehrt, nichts taugt.»

Oft ist es einfach so, daß der Jugendliche selbst bis über den Kopf in solchen Gefühlen steckt und sie nicht mehr aushalten kann. Indem er die Eltern so behandelt, daß sie sich ebenso wertlos fühlen wie er, lädt er einen Teil seiner Last den Eltern auf. Dahinter verbirgt sich dann die Botschaft an die Eltern: «Ich halte es nicht mehr aus, mich so zu fühlen, und werde mich auch nicht mehr daran gewöhnen. Ich weiß nicht mehr weiter. Du kennst das Leben schon länger als ich, bitte hilf mir ein wenig, diese Gefühle zu tragen, und zeig mir dadurch, wie man damit fertig wird. Leider kann ich dich nicht ausdrücklich darum bitten, denn dann würde ich mich wieder wie ein Kind von dir abhängig fühlen, und das verkraftet mein Selbstwertgefühl nicht. Außerdem würdest du dich dann ja nicht mehr ebenso machtlos fühlen wie ich, und dann funktioniert die ganze Sache nicht. Ich habe ein schlechtes Gewissen, weil ich dich dem aussetze, und ich habe Angst, daß du es vielleicht nicht schaffen könntest, daß du mich nicht verstehen könntest und mich fortschickst, aber ich habe keine andere Wahl. Ich hoffe, daß du mich verstehst.»

Wie überlebe ich die Pubertät meines Kindes

Wenn Eltern alles mögliche ausprobiert haben, um der Kritik ihres Halbwüchsigen zu begegnen, bleibt vielleicht nur noch, sich in die Machtlosigkeit und Ratlosigkeit zu fügen und dennoch den Glauben nicht zu verlieren, daß alles einen Sinn hat. Einerseits ist es wichtig, daß die Eltern dieses Gefühl aushalten können, ohne ihrem Kind völlig den Rücken zu kehren oder es abzuweisen. Andererseits können Eltern, wenn nichts mehr hilft, auch damit aufhören, dem Kind zu Willen zu sein, und ihr Leben wieder so angenehm, wie es unter den Umständen möglich ist, einrichten.

Keinem Jugendlichen nutzt es etwas, wenn er sieht, wie die Eltern völlig die Richtung in ihrem eigenen Leben verlieren, zusammenbrechen oder ihr Inneres nach außen kehren in dem fruchtlosen Versuch, es ihrem

Kind recht zu machen. Wenn die Eltern sich selbst gänzlich aufgeben, dann stimmt etwas nicht. Dann muß man prüfen, ob sie nicht in eine Opferhaltung verfallen sind und nun ein Verhalten wie: «Siehst du, wie du mich quälst?» erproben. Das Ziel ist entweder, den jungen Menschen dazu zu bringen, sein Verhalten zu ändern, oder ihm ein schlechtes Gewissen zu machen. Dies würde den Eltern ein Gefühl der Rache und Richtigstellung verschaffen, verständliche Reaktionen, zumal die Eltern sich in diesem Fall mit ihrer Wut über das kränkende Verhalten und mit ihren Rachegefühlen nicht auseinandersetzen müssen. Das sollte man nicht verurteilen. Aber das Risiko dabei ist natürlich eine durch Streit gefährdete Beziehung zwischen Eltern und Jugendlichem, was zu Destruktivität und Gewalt in der Familie führen kann.

Die Angst der Eltern um ihre Halbwüchsigen

Eltern wollen das Beste für ihre Kinder, wenn sie nicht gerade wütend auf sie sind, sie an die Wand klatschen oder aus dem Fenster werfen möchten und sich dann wünschen, niemals Kinder in die Welt gesetzt zu haben. Aber meistens wollen sie das Beste für ihre Kinder. Einerseits wünschen sich Eltern, daß ihre Kinder Interessen entwickeln, sich Aktivitäten widmen und Freunde suchen, die gut für sie sind. Gut für sie – für wen? Für die Jugendlichen oder für die Eltern oder beide? Nicht immer haben Jugendliche Verständnis für die Ansichten der Eltern über ihre Wahl von Freunden oder Unternehmungen. Aber Eltern haben Angst, daß ihre Kinder in schlechte Gesellschaft geraten könnten. Dennoch ist der Grund, weshalb sie die Auswahl der Freunde beeinflussen wollen, keineswegs immer deutlich.

Sicher ist da der selbstlose Wunsch, daß die Kinder es gut haben sollten. Gleichzeitig haben wir schon gesehen, daß das Kind auch seiner Familie zur Ehre gereichen und die Werte der Familie vertreten soll, was zum Teil auch durch die Wahl von Freunden und Interessen geschieht. Eltern möchten gern stolz auf ihre Kinder sein können, und sie möchten als gute Eltern angesehen werden. Deshalb ist der Erfolg der Kinder, wie dieser nun auch immer definiert wird, eng verbunden mit dem Selbstwertgefühl der Eltern. Bis hierhin bewegen wir uns, glaube ich, innerhalb des Gebiets der normalen Psychologie.

Die Wahl der Freunde und der Interessen

Es wird jedoch heikel, wenn Kinder durch ihre Freunde und Interessen die elterlichen Gefühle des Scheiterns, des mangelnden Erfolges oder der Scham über eine einfache Herkunft kompensieren sollen. Dann sind die Ansichten der Eltern, welche Freunde für ihre Jugendlichen gut sind, stark von dem Drang, persönliche Wünsche zu verwirklichen, gefärbt. Die Jugendlichen fühlen sich ausgenutzt und sind verwirrt, weil die Eltern behaupten, es geschehe ja nur zu «ihrem eigenen Besten», während sie doch deutlich empfinden, daß die Eltern hier nur in eigener Sache sprechen, ohne dies zuzugeben.

Eltern haben Angst, daß ihre Kinder schlechte Gewohnheiten entwickeln könnten, daß sie abends zu lange aufbleiben, daß sie zu müde sind, die Schule verschlafen, falsche Werte vermittelt bekommen und nicht einsehen, wie anstrengend das Leben als Erwachsener ist. Sie haben Angst, daß die jungen Leute an Drogen geraten, kriminell werden, Geschlechtskrankheiten oder AIDS bekommen oder in Gesellschaft geraten, wo sie ausgenutzt und sexuell mißbraucht werden, wo sie homosexuelle Erfahrungen machen, vergewaltigt werden oder sonst zu Schaden kommen. Die Angst der Eltern kann mindestens drei realistische Ursachen haben:

- Die Familie wohnt in einer Gegend, wo das Risiko, zu Schaden zu kommen, ständig steigt – vielleicht im Vorort einer Großstadt mit einem hohen Anteil an Mißbrauch, Gewalt und Kriminalität.
- Der Jugendliche bewegt sich in Kreisen, wo Mißbrauch und andere Betätigungen am Rande der Kriminalität vorkommen.
- Nicht zuletzt kann das Verhalten des Jugendlichen selbst Anlaß zur Sorge geben. Er hat kein vernünftiges Verhältnis zu Alkohol, pflegt ein ausgedehntes Nachtleben, das die schulischen Leistungen beeinträchtigt, ist – verglichen damit, was sonst in seinem Alter und in seinem Milieu üblich ist – unfähig, sich um sich selbst und seine Sachen zu kümmern.

Ich habe die Erfahrung gemacht, daß sich beunruhigte Eltern keineswegs immer klargemacht haben, warum sie Angst haben. Es ist eine Sache, wenn der Jugendliche wirklich gezeigt hat, daß er nicht für sich selbst Verantwortung übernehmen kann, soweit man dies nach objektiven Kriterien beurteilen kann: Würde die Mehrheit der Eltern von Jugendlichen in dieser Umgebung auch sagen, daß dieser junge Mensch mit dieser Situation nicht fertig wird? Es ist aber eine andere Sache, wenn die Eltern eigentlich mehr Angst davor haben, was passieren «könnte».

Manchmal ist diese Unruhe gewiß nicht berechtigt. Der Jugendliche meistert alle Situationen, in die er sich begibt. Es gibt nichts Besonderes, was darauf hinweisen würde, daß sich der Jugendliche in einer Gefahrenzone befindet, auch wenn die Situation manchmal Risiken beinhaltet. Aber die Unruhe der Eltern und das Mißtrauen können sehr hartnäckig sein: «Nein, es ist noch nichts passiert, aber man weiß ja nie...» Wenn die Kinder von ihren ängstlichen Eltern so behandelt werden, als ob alle möglichen Unglücksfälle schon eingetroffen wären, und nicht wie kompetente junge Leute, die auch bisher schon schwierige Situationen gemeistert haben, dann sind sie gekränkt und fühlen sich mißverstanden. Dann fällt es ihnen auch schwer einzugestehen, daß die Angst der Eltern vielleicht auch eine gewisse Berechtigung haben kann.

Elterliche Balanceakte

Die Eltern befinden sich hier in einer schwierigen Situation, die viel Überlegung erfordert. Sind sie zu eifrig dabei, auf Gefahren hinzuweisen und vor Risiken zu warnen, wird der Jugendliche das als einen kränkenden Mißtrauensbeweis empfinden, auch wenn es ausschließlich aus gutem Willen geschieht. Er glaubt, daß die Eltern kein Vertrauen zu seiner Fähigkeit haben, eine Situation zu beurteilen, in die er gerät.

Wenn nun die Eltern vollkommen vertrauen, ohne je eine Situation zu problematisieren, fühlt sich der Jugendliche bestimmt nicht kontrolliert oder unterschätzt, vielleicht aber allein gelassen und mißverstanden. Die Eltern scheinen nicht zu begreifen, daß er sich in einer Welt bewegt, die zwar spannend, aber nicht ganz ungefährlich ist, verlockend, aber nicht unproblematisch.

Es ist ein Balanceakt, diese Situation meistern zu wollen. Eltern versuchen häufig, sich auf irgendeine Weise Informationen über das Leben der Jugendlichen zu verschaffen. Sie möchten gern die Freunde treffen, um sich ein eigenes Bild von ihnen machen zu können. Sie möchten wissen, wo die Jugendlichen sind und was sie vorhaben. Das variiert je nach Alter der Kinder und danach, inwieweit die Eltern meinen, daß sie allein klarkommen.

Dieses Beschaffen von Informationen verlangt außergewöhnliches Taktgefühl. Manche Jugendliche reagieren eher gelassen auf die Fragen der Eltern, andere aber verweigern jede Aussage. Hier besteht die Gefahr, daß man als Eltern in ein «Räuber-und-Gendarm-Spiel» gerät. Die Eltern möchten Informationen haben und fragen. Der Jugendliche antwortet knapp und versteht es meisterhaft, Dinge wegzuerklären und höchst sparsam Auskunft zu geben. «Wohin gehst du?» «Raus.» «Was habt ihr vor?» «Nix Besonderes.» «Mit wem gehst du weg?» «Wie immer.» «Wann kommst du wieder?» «Mal sehn.» «Kannst du bitte anrufen, wenn es spät wird?» «Wenn ich dran denke.» Kommen sie zu spät nach Hause, sind sie angetrunken oder zeigen ein anderes provozierendes Verhalten, so wird dies von den Jugendlichen entweder als Ausnahmeerscheinung oder als ein Produkt der übersteigerten Phantasie der Eltern dargestellt. Vor dem Versuch, Informationen von den Freunden des Jugendlichen zu erlangen, kann nur gewarnt werden, denn das führt zu Problemen, sollte es ihm zu Ohren kommen.

Die Eltern werden mit der Zeit immer ängstlicher und verzweifelter und suchen immer angestrengter nach Informationen. Die Jugendlichen fühlen sich immer mehr kontrolliert, werden wortkarg und igeln sich ein. Daraus entsteht leicht ein Teufelskreis.

Die Aktivität der Eltern führt oft zu einer unglücklichen «Arbeitsverteilung». Die Eltern bearbeiten das Gebiet «Unruhe und Angst» mit dem Wissen um potentielle Gefahren und Probleme. Die Jugendlichen bearbeiten das Gebiet «Optimismus, Abenteuerlust, Freiheitsdrang». Natürlich möchten die Eltern gern eine Basis schaffen für einen Kontakt zu den Kindern, der es ihnen erlaubt, möglicherweise auftretende Probleme gemeinsam zu diskutieren. Sie möchten den Kindern behilflich sein bei der Einschätzung von gefährlichen Situationen und unterschiedliche Arten besprechen, wie man sie meistern kann.

Eltern möchten ihre Erfahrungen mit ihren Kindern teilen, damit diese so wenig wie möglich zu Schaden kommen. Dabei überschätzen sie die Möglichkeit, Erfahrungen mit Worten zu vermitteln. Wenn sie näher darüber nachdenken, wird ihnen oft klar, daß ihre eigenen Fähigkeiten im Leben auch mehr darauf gründen, wie sie die Konsequenzen ihres eigenen Handelns erlebten, als auf das, was Mutter und Vater ihnen vom Leben erzählten. Außerdem entsteht das Dilemma, daß je mehr die Eltern die Situation problematisieren, die Jugendlichen desto mehr dazu tendieren, die Schwierigkeiten zu verneinen oder herunterzuspielen. Für die Eltern ist es wichtig, unterscheiden zu lernen zwischen der Art eines Jugendlichen, schwierige Situationen polemisch zu diskutieren, und seiner wirklichen inneren Einstellung, wie sie in seinem Verhalten in der aktuellen Situation zum Ausdruck kommt.

Viele Jugendliche haben es nicht gern, wenn ihnen vorgeschrieben wird, was sie tun und wie sie unterschiedliche Situationen einschätzen sollen, wenn sie doch überhaupt nicht um Rat gebeten haben. Deshalb geht es ihnen in den Diskussionen mehr darum, wie sie ihre Selbständigkeit gegenüber den Eltern verteidigen können, und nicht, wie sie die besagte Situation handhaben sollen. Ein Beispiel:

Vater: «Wohin gehst du heute abend?»

Tochter: «Zu Lars.» *(Jetzt fängt er wieder mit der Fragerei an.)*

Vater: «Wo wohnt er?»

Tochter: «In der Weststadt.»

Vater: *(Weststadt – Lars wohnt in einer Gegend mit vielen Drogenabhängigen. Das beunruhigt mich.)*

Tochter: *(Worauf will er hinaus?)*

Vater: «Sag mal, du bist auch vorsichtig, wenn du in dieser Gegend bist. Das ist keine gute Umgebung für dich.»

Tochter: «Was denn, ich werde ja wohl in der Stadt

zurechtkommen.» *(Meint er, ich könne nicht auf mich aufpassen? Ich weiß, daß es da nicht ungefährlich zugeht.)*

Vater: «Wie ich gehört habe, gibt es dort jede Menge Drogenabhängige. Was ist denn das für ein Lars?»

Tochter: «Lars ist ganz in Ordnung. Du kennst ihn ja gar nicht.»

Vater: *(Es scheint ihr total egal zu sein, daß es dort gefährlich ist, und sie läßt mich nichts dazu sagen.)*

Tochter: *(Eigentlich kenne ich Lars auch nicht so gut, aber wenn ich das sage, dann darf ich nicht gehen, und dann kann ich Thomas nicht treffen.)*

Vater: «Du scheinst das hier nicht ernst zu nehmen, obwohl ich dich für eine verständige Person gehalten habe.»

Tochter: «Jetzt hör bloß auf, mich kennst du ja auch nicht.»

Vater: *(Jetzt bin ich wirklich besorgt, und sie gibt mir keine Chance.)*

Tochter: *(Es verletzt mich furchtbar, wenn er so redet.)*

Beginnen wir noch einmal von vorn und versuchen eine andere Variante:

Vater: «Ich bleibe heute zu Hause und sehe fern. Was machst du?»

Tochter: «Zu Lars mit den anderen.» *(Jetzt fragt er wieder. Aber er wirkt ganz locker.)*

Vater: «Als ich vorhin draußen war, war es kalt, mußt du weit – wo wohnt er denn?»

Tochter: «In der Weststadt.» *(Worauf will er hinaus?)*

Vater: *(In der Weststadt – er wohnt in einer Gegend mit vielen Drogenabhängigen!)* «Da bin ich lange nicht gewesen, und ich fühle mich dort etwas unsicher. Geht dir das auch so?»

Tochter: «Ja, schon, aber ich komme schon klar.» (*Das ist jetzt lästig, daß er fragt, aber es ist schon eine schlechte Gegend.*)

Vater: (Scheint besorgt) «Also, ich wäre lieber in Gesellschaft dort.»

Tochter: «Wir treffen uns vorher am großen Platz.» *(Hoffentlich hört er jetzt auf zu fragen, aber wenigstens kümmert er sich, das ist schon mehr, als Kikis Vater tut.)*

Vater: *(Sie scheint zu wissen, was sie tut, aber ich bin doch etwas besorgt.)* «Lars kenne ich nicht, oder?»

Tochter: «Nein, er ist ziemlich neu in der Clique, aber ich glaube, er ist o.k.» *(Einige sagen, daß er Crack nimmt. Das ist blöd, aber vielleicht ist Thomas dort.)*

Vater: *(Sie scheint etwas zurückhaltend, was den Typen angeht. Wie sie wohl nach Hause kommt?)* «Das wird sich schon zeigen, du kannst Leute ja eigentlich ganz gut beurteilen. Hast du Geld für ein Taxi, wenn es nötig ist?»

Tochter: *(Er scheint zu merken, daß man mit Lars aufpassen muß, aber er meint, daß ich klarkomme. Taxi*

– *etwas öde, aber von mir aus.)* «Ja, danke, ich habe Geld.»

Vater: *(Ein bißchen beunruhigt bin ich, aber mehr kann ich nicht tun.)* «Viel Spaß!»

In Kapitel 8 gehe ich näher darauf ein, wie man ein Gespräch mit einem Jugendlichen führt, wenn es um empfindliche Fragen geht. Hier möchte ich noch die Beziehung der Familie zu den Freunden der Jugendlichen betrachten.

Der unausgesprochene Wunsch nach einem Verbot

Der Wunsch der Eltern, die freundschaftlichen Kontakte ihrer Kinder zu kennen und auch eine gewisse Kontrolle darüber auszuüben, ist verständlich und berechtigt. Wahrscheinlich teilen viele Jugendliche diese Ansicht, auch wenn es in der Natur der Sache liegt, daß sie das nicht offen sagen können. Jugendliche sind oft tiefer in ihre Freundschaften hineingezogen, als ihnen selbst lieb ist, weil sie mit Gefahren oder Belastungen verbunden sind. Loyalität und Gruppenzwang, zusammen mit dem Reiz des Verbotenen, machen es ihnen jedoch schwer, solche Beziehungen zu reduzieren oder abzubrechen. In diesem Fall sind sie auf die Klugheit und die Unterstützung ihrer Eltern angewiesen.

Manchmal ist die einzige Möglichkeit für einen Jugendlichen, sich aus einer schwierigen Beziehung zu lösen, die, daß er seine Eltern dazu bringt, die Aktivitäten zu verbieten oder einzuschränken. Aber das ist ein schwieriger Balanceakt. Um seiner Selbständigkeit willen kann der Jugendliche natürlich nicht hingehen und sagen: «Verbiete mir das», sondern er muß sich so verhalten, daß seine Eltern diese Botschaft verstehen. Hier ist es wichtig, daß die Eltern Verständnis für die Situation aufbringen. Wenn sie sagen: «Solltest du nicht aufhören, dich mit diesen Leuten zu treffen, die dir nicht gut zu tun scheinen?», dann liegt die Verantwortung für die Bereinigung der Situation wieder beim Jugendlichen selbst, der aus Gründen der Loyalität nicht anders kann, als seine Freunde zu verteidigen (obwohl er sich vielleicht direkt oder indirekt über sie beklagt hat).

Die Eltern müssen also den Kontakt gegen den (nach außen vorgegebenen) Willen des Jugendlichen einschränken, aber mit seiner stillschweigenden Zustimmung (die sich oft nur in der Schwäche seines Protestes widerspiegelt). Aber, und das ist nun der Kern der Sache, das muß so behutsam ausgeführt werden, daß das Selbstwertgefühl des Jugendlichen so wenig wie möglich gekränkt wird. Andernfalls besteht die Gefahr, daß es ihm unmöglich ist, die Unterstützung der Eltern, die er selbst mehr oder weniger herausgefordert hat, anzunehmen, weil sein Selbstbewußtsein zu sehr darunter leiden würde.

Ein verdeutlichendes Beispiel: Ein Jugendlicher, 15 Jahre alt, ist von Treffen seiner Clique mehrmals zu spät nach Hause gekommen. In der letzten Zeit war er manchmal ein wenig betrunken und machte einen erschöpften Eindruck. Die Eltern haben ihn wegen seines Verhaltens zurechtgewiesen, aber es hat sich nichts verändert. Jetzt will der Junge mit der Clique für drei Tage aufs Land fahren. Die Eltern sind ratlos und verärgert.

Eine Reaktion der Eltern kann sein: «Wir verstehen, daß du gern die Fahrt mitmachen möchtest, aber wir können das nicht zulassen. Wir sind sehr beunruhigt wegen deines Verhaltens in der letzten Zeit. Wir verstehen, daß du jetzt sauer bist, aber wir können nicht zulassen, daß du fährst.»

Eine andere Reaktion könnte sein: «Wie kannst du mit solch einem Vorschlag kommen? Das ist ja unmöglich, wenn man bedenkt, wie du dich in der letzten Zeit aufgeführt hast. Du hast doch deutlich gezeigt, daß du nicht auf dich selbst aufpassen kannst. Auf keinen Fall fährst du. Wir hoffen, du verstehst, daß es zu deinem eigenen Besten ist.»

Ein «Hilfsangebot» wie das letzte ist äußerst erniedrigend für einen Jugendlichen und gefährdet sein Selbstbewußtsein. Da bleibt ihm nichts anderes übrig, als das Verbot der Eltern zu übertreten.

Solche Mißverständnisse zwischen Eltern und Jugendlichen sind nicht selten, und sie können trotz bester Vorsätze zu Enttäuschungen auf beiden Seiten führen. Wenn Eltern versuchen, die Wahl ihrer Kinder in bezug auf Freunde und Aktivitäten zu beeinflussen, dann muß ihre Art, sich dem Problem zu nähern, natürlich mit dem herrschenden Familienstil vereinbar sein, den Eltern und Kinder grundsätzlich unterstützen. Eltern müssen sich bemühen, das Dilemma ihres Kindes zu verstehen und alles mögliche tun, um seine Selbständigkeit zu schützen.

Manchmal machen Eltern den folgenschweren Fehler, sich völlig auf den Inhalt ihrer Angebote zu konzentrieren oder deren Berechtigung zu betonen, so, wie sie es als Eltern sehen. Dabei vergessen sie, daß für die Entwicklung der Situation entscheidend ist, daß die

Eltern das Bedürfnis der Jugendlichen respektieren, als ebenbürtiger Gegenpart angesehen zu werden.

Aber alle anderen dürfen ...

Nicht nur die Freunde der Jugendlichen können Eltern Kopfschmerzen verursachen, sondern auch deren Familien. Hierbei können zwei schwierige Situationen auftreten: Zum einen, wenn ein Freund des eigenen Kindes sich schlecht benimmt, ohne daß dessen Familie darauf reagiert. Zum anderen, wenn der Jugendliche die Eltern anderer dazu benutzt, um Druck auf die eigenen Eltern auszuüben, zum Beispiel:

«Olaf darf bis elf wegbleiben, warum muß ich um zehn zu Hause sein?»

«Alle in der Klasse haben Levi's Jeans, nur ich nicht.»

«Lars muß nicht zu Hause bleiben und im Garten helfen, warum also ich?»

Vor allem jüngere benutzen gern die größeren Rechte und kleineren Pflichten anderer Kinder, um ihre Eltern unter Druck zu setzen. Es ist schwer, mit solchen Situationen umzugehen, denn manchmal sind hier auch finanzielle Probleme im Spiel.

Zuwenig Geld

In Wohngebieten mit verschiedenen sozioökonomischen Gruppen sind die finanziellen Verhältnisse der Familien oft sehr unterschiedlich. Die eine Familie kann problemlos ihren Jugendlichen mit einer nagelneuen Skiausrüstung in die Alpen schicken. Für eine andere Familie wäre das unmöglich. Eltern möchten, daß es ihre Kinder, was Konsum und Besitz angeht, ebenso gut haben wie ihre Freunde. Da kann es sehr provozierend sein, wenn ein Jugendlicher mit Wünschen oder Bedürfnissen kommt, die deutlich machen, daß die Familie weniger Geld zur Verfügung hat als die des Freundes. Vielleicht möchten die Eltern dem Kind ja nur zu gern die ersehnte Reise möglich machen. Es fällt dann besonders schwer, einfach sagen zu müssen: «Ich glaube, das können wir uns nicht leisten» oder «Ich würde dir gern die Reise schenken, aber wir haben nicht genug Geld dafür.»

Dieses Problem den Jugendlichen offenzulegen ist schmerzlich. «Ihr seid heutzutage wirklich unverschämt. Du kannst dir die Reise selbst erarbeiten, wenn du unbedingt da hin mußt.» Hier wird das Problem dadurch «gelöst», daß man dem Jugendlichen das Gefühl gibt, er sei unverschämt. Er glaubt nun, sein Wunsch sei unmäßig, und hat deshalb ein schlechtes Gewissen. Manchmal geschieht das unter dem Deckmantel, dem Jugendlichen die realen Gegebenheiten des Lebens nahebringen zu wollen. Das ist natürlich wichtig, sollte jedoch unter anderen Vorzeichen geschehen, damit daraus eine für den Jugendlichen anwendbare Fähigkeit werden kann.

Meiner Erfahrung nach sind Jugendliche meist in

ihrem Innern sehr solidarisch mit ihrer Familie. Wenn sie erfahren, daß die finanziellen Möglichkeiten klar begrenzt sind, dann akzeptieren sie das auch, wenngleich es nach außen nicht immer so scheint. Schwierig wird es jedoch, wenn die Familie auf anderen Gebieten verschwenderisch ist, denn dann wird es dem Jugendlichen schwerfallen, die Prioritäten einzusehen. «Wir haben doch Geld, sonst hättest du im Frühjahr nicht ein neues Auto gekauft. Warum wird das Geld immer nur für das ausgegeben, was ihr wollt?» So kann eine gute (und peinliche) Frage lauten, die die Eltern in Einigkeit beantworten sollten. Vielleicht legt der Jugendliche damit seinen Finger auf ein konfliktbeladenes Thema: die Frage nach den finanziellen Prioritäten in der Familie. In diesem Fall wäre es nicht gerecht, ihn für die Uneinigkeit der Eltern verantwortlich zu machen.

«Unverschämtheit»

Es kann natürlich passieren, daß die Eltern die jungen Leute für unverschämt halten, und das gilt dann auch für die Freunde des Jugendlichen. Auch in diesem Fall kann man den Konflikt leicht lösen, indem man finanzielle Engpässe vorbringt und behauptet: «Das können wir uns nicht leisten.» Dieses Argument wird aber, wie gesagt, auf den Jugendlichen fadenscheinig wirken, wenn die Familie offensichtlich genügend Geld hat, um es an anderer Stelle auszugeben. Es ist jungen Menschen nicht fremd, als unverschämt bezeichnet zu werden, und für viele bedeutet das eine Ursache innerer Konflikte und schlechten Gewissens. Aber die wenigsten Jugendlichen stellen sich dann hin und sagen: «Ich will mit meinen Freunden in die Alpen fahren. Ich denke, daß wir uns das leisten können, aber ich fühle mich so unverschämt, daß ich vorschlagen möchte, daß ihr mich nicht fahren laßt.»

Das schlechte Gewissen der Eltern

Manchmal strapazieren Familien ihre Finanzen, damit der Jugendliche das erhält, was die Gleichaltrigen auch haben. Die Ursache hierfür kann das schlechte Gewissen gegenüber dem Kind sein, zum Beispiel weil die Eltern fühlen, daß sie es vernachlässigen oder in mancher Hinsicht vernachlässigt haben. Halbwüchsige können unglaublich raffiniert sein, wenn es darum geht, das schlechte Gewissen ihrer Eltern auszunutzen. Sicher fühlen sie sich in ihrem Innern nicht wohl dabei, aber die Versuchung ist oft einfach zu groß.

Wenn das schlechte Gewissen der Grund ist, warum Eltern ihren Kindern das geben, was sie wollen, oder über ihre Verhältnisse leben, damit der Jugendliche als ebenso gutsituiert dasteht wie seine Freunde, dann ist das zwar verständlich, kann aber auch einen bitteren Nachgeschmack verursachen. Es entsteht hier nämlich leicht eine Aggression gegen den Jugendlichen, die an anderer Stelle zum Vorschein kommen wird. Man wird immer wütend auf den, der einem ein schlechtes Gewissen macht.

Wenn der Halbwüchsige mit seinem «alle anderen dürfen» kommt, dann ist es klug, einmal zu überlegen, wer überhaupt «alle anderen» sind. Vielleicht sind es alle oder wenigstens fast alle. Vielleicht ist es aber nur einer oder wenige, die aber besonders wichtig sind.

Ja oder nein sagen

Sicher ist es schwer für Eltern herauszubekommen, wann sie ja und wann sie nein zu den Wünschen der Jugendlichen sagen sollen. Sie müssen über die Berechtigung der Wünsche nachdenken und so gut es geht ihre Reaktionen und Gründe für die eine oder die andere Antwort sortieren. Hier folgen nun einige Gründe, die nur wenig mit dem Verhältnis zwischen den Wünschen der Jugendlichen und den finanziellen Realitäten innerhalb der Familie zu tun haben:

Neid: «Wir hatten es nicht so gut, als ich klein war.»

Gewöhnlicher Egoismus: «Wir haben zwar Geld, aber ich möchte mir lieber ein neues Auto kaufen.»

Doppelmoral: «Du solltest dich schämen, so maßlos zu sein.» (Ich kaufe mir lieber mein zwölftes Kostüm.)

Soziale Scham: «Ich halte es nicht aus, wenn jemand merkt, daß wir uns das nicht leisten können. Die denken dann, aus unserer Familie wäre nichts geworden. Es ist das beste, wenn sie bekommt, was sie will.»

Extreme Selbstaufopferung: «Natürlich soll er fahren, ich kann wohl noch einen Winter mit Löchern in den Schuhen gehen.»

Schlechtes Gewissen: «Fahr, wohin du willst, aber behaupte nicht, ich sei ein schlechter Vater.»

Lebensstil: «In unserer Familie haben wir es immer so

gehalten, daß...» «Als ich klein war, war es immer so, daß...»

Verstehen Sie mich nicht falsch. Ich denke nicht, daß Eltern, immer wenn ein Jugendlicher etwas haben möchte, sich hinsetzen und ihr Innerstes nach außen kehren und ihre Familie und ihren Lebensstil in Frage stellen sollen. Ich denke nur, wenn es Jugendlichen gelingt, mit dem Hinweis «andere bekommen immer mehr als ich» ständig Druck auf ihre Eltern auszuüben, und wenn daraus schwere Konflikte erwachsen und das Problem den Eltern Kopfschmerzen bereitet, daß es dann lohnend ist, das Durcheinander, in dem man sich befindet, einmal zu ordnen.

Meiner Erfahrung nach sind Jugendliche oft bereit, die ökonomischen Realitäten und die Werte der Eltern zu akzeptieren, auch wenn es vielleicht einige Zeit dauert, sie anzunehmen und zu verinnerlichen. Problematisch wird es nur, wenn die Eltern die Wünsche der Jugendlichen als unberechtigt darstellen wollen und ihre Kinder als unreif, verantwortungslos und unverschämt bezeichnen. Ich glaube nicht, daß man Maßlosigkeit bekämpfen kann, indem man sie den Jugendlichen unter die Nase reibt. Man kann sie auf lange Sicht nur durch eine restriktive Haltung eindämmen. Eltern aber hoffen oft, daß die Jugendlichen das Problem der Unverschämtheit dadurch lösen werden, daß sie einfach um weniger bitten und die Eltern nicht mehr nein sagen müssen. Vielleicht sind einige Jugendliche so reif. Aber meist müssen doch die Eltern mit einer Konfrontation rechnen, mit dem Jugendlichen ebenso wie mit sich selbst und dem Partner.

Jugendliche sind sehr vernünftig, wenn man als Eltern

die richtige Gelegenheit findet, mit ihnen zu reden. Wenn die finanziellen Mittel begrenzt sind oder wenn der Familienstil es zuläßt, kann man sich mit ihnen hinsetzen und alternative Finanzierungspläne für verschiedene Projekte entwerfen, in die auch die Möglichkeiten der Jugendlichen, Geld zu verdienen, eingebracht werden. Viele Halbwüchsige versuchen gern, wenn sie älter werden und Geld verdienen können, ihre Kosten selbst zu bestreiten, denn das gibt ihnen in höchstem Grade das Gefühl der Unabhängigkeit von der Familie.

KAPITEL 4

Mit jungen Menschen kommunizieren

Allgemeines über Kommunikation

Bevor wir genauer betrachten, wie Gespräche und Zusammenspiel mit Jugendlichen sich gestalten können, will ich ein paar allgemeine Dinge über Kommunikation sagen. Kommunikation ist ein theoretisches, nur wenig spannendes Wort. Aber es ist schwer, ein anderes Wort zu finden, das der Vielschichtigkeit im Austausch von Mitteilungen zwischen Menschen gerecht wird. «Gespräch» könnte leicht als ein bloßer Austausch von Worten verstanden werden, bei dem Nuancen in Tonfall, Mimik, Körperhaltung, Gestik und vieles mehr keine Rolle spielen. Dabei sind es doch gerade diese Nebenäußerungen, die uns, oft ohne daß wir es bemerken, gefühlsmäßig am tiefsten berühren. «Kommunikation» soll hier also sowohl den verbalen Austausch als auch den nonverbalen, den «körperlichen» bedeuten.

Es ist über dieses Thema viel geschrieben worden, und ich möchte hier nur einige Aspekte der Kommunikation hervorheben, die ich für besonders wirklichkeitsnah halte.

Nicht kommunizieren geht nicht

Wenn zwei Menschen sich der Existenz des jeweils anderen bewußt sind und sich in einem Abstand voneinander befinden, der es ihnen ermöglicht, Sinneseindrücke vom anderen zu empfangen, zum Beispiel durch das Sehen und das Hören, dann müssen sie dem zwangsläufig eine gewisse Bedeutung beimessen. Wir sind biologisch und psychologisch einfach so eingerichtet, daß wir ständig bemüht sind, die Sinneseindrücke, die wir erfahren, miteinander in Verbindung zu bringen.

Wenn man sagt: «Das ist unbegreiflich», dann beinhaltet das auch eine Bedeutung, wie zum Beispiel: «Das ist doch völlig sinnlos.» Stellen wir uns zwei Personen vor, die still in einer Bibliothek sitzen und Bücher anschauen. Beide wissen, daß sie nicht allein sind. Sie schauen einander nicht an und nehmen auch nicht auf andere Weise miteinander Kontakt auf. Kann man also sagen, daß sie kommunizieren? Ich meine, daß sie das tun. Beide geben dem anderen eine Nachricht, die lautet: «Ich erkenne die Regel der Bibliothek an, daß man einander nicht stört und so tut, als sei der andere gar nicht vorhanden. Ich glaube, du merkst, daß ich mich an diese Regel halte, und deine Art, keine Notiz von mir zu nehmen, zeigt mir, daß auch du sie anerkennst.» Folglich kommunizieren die beiden ohne ein Wort oder einen Blick auszutauschen nur, indem sie der Anwesenheit des anderen und seiner Handlungsweise Bedeutung geben.

Nicht-Anwesenheit

In einer Familie kann die Tatsache, daß man dem Verhalten des anderen Bedeutung verleiht, auf unterschiedliche Weise zum Ausdruck kommen. Einer der Eltern ist zu Hause, möchte aber nicht gestört werden. Dem Kind wird vermittelt: «Wenn du mich brauchst, bin ich hier.» Das gibt Sicherheit. Ein Kind, das sich nach seiner Mutter sehnt, kann aber in eine schwierige Situation geraten, wenn die Mutter zwar immer anwesend, aber eigentlich doch nicht richtig da ist. Wäre sie nicht da, dann könnte das Kind sie eher vergessen und sich mit etwas anderem beschäftigen, vorausgesetzt, daß ein anderer Erwachsener da ist, der dem Kind ein Maß an Sicherheit vermitteln kann. Das Kind kann sonst zwanghaft mit der «Nicht-Anwesenheit» der Mutter beschäftigt sein. Ein Kind, dessen Mutter zu Hause, aber nicht zugänglich ist, kann sich mehr alleingelassen fühlen als eines, dessen Mutter tatsächlich fort ist.

Familienmitglieder beeinflussen einander durch ihre Anwesenheit zu Hause, auch wenn sie in keinem großen Kontakt zueinander stehen. Ein schlagendes und bedeutungsvolles Beispiel hierfür ist der Jugendliche, der sich in sein Zimmer zurückzieht und keinen Kontakt haben will. Den Eltern kann diese «Nicht-Anwesenheit» sehr bewußt sein, und der Jugendliche kann dadurch unter Umständen die ganze Familie dominieren. Dazu muß er sich nicht einmal auf eine besonders deutliche oder aggressive Weise zurückgezogen haben. Es genügt, nicht aufzutauchen, wenn alle in der Familie es erwarten. Wenn jemand «nicht-anwesend» ist, zum Beispiel schweigt, wenn man von ihm erwartet, daß er etwas sagt, oder sich ohne Erklärung verspätet, dann fällt es schwer herauszubekommen, was diese «Nicht-Anwesenheit» beinhaltet. Aus Mangel an Informationen schreiben wir der «Nicht-Anwesenheit» alle möglichen Bedeutungen zu. «Jetzt sitzt er in seinem Zimmer. Eigentlich sollte er mal langsam wieder herauskommen. Habe ich, ohne es zu merken, etwas getan, weshalb er jetzt böse auf mich ist? Vielleicht ist er traurig und will es nicht zeigen?» oder «Warum ist sie noch nicht da? Ist ihr etwas zugestoßen?»

Die «Nicht-Anwesenheit» kann innere Monologe in Gang setzen, die das Zusammenleben komplizieren. Ein Beispiel: Britta liest die Zeitung. Rolf fragt: «Welchen Artikel liest du gerade?» Keine Antwort. Rolf wartet, es ist still. Er denkt: «Warum antwortet sie nicht? Ist sie böse auf mich? Wahrscheinlich ist sie sauer, weil ich nicht mit ins Kino gehen will. Aber ich bin so müde. Das habe ich ihr doch gesagt. Das muß sie doch verstehen. Eigentlich ist es ganz schön unverschämt, das nicht zu respektieren, wo ich mich so abschufte. Aber wenn ich es genau überlege, ist das nichts Neues. Sie macht immer nur, was sie will, und verlangt, daß ich mich ganz zurücknehme und nur zu ihrer Verfügung stehe. Das ist, mal deutlich gesagt, doch zum Kotzen. Sie antwortet nicht mal, wenn man mit ihr spricht.» Rolf starrt wütend auf Britta und sagt: «Du kannst verdammt noch mal antworten, wenn ich etwas frage.» Britta, die völlig in ihre Lektüre versunken war, schaut erstaunt auf. «Wie, hast du etwas gesagt? Das habe ich nicht gehört.» «Nein, das ist typisch. Du hörst nicht einmal, wenn man mit dir redet.» Und schon ist der schönste Streit im Gange.

Kommunikation findet auf mindestens zwei Ebenen statt

Auf der einen Ebene spielt der Inhalt der Kommunikation eine Rolle, auf der anderen die Beziehung zwischen den beiden Kommunizierenden. Die Inhaltsebene ist zum Beispiel, was man zueinander sagt:

«Geh und mach den Abwasch!»
«Darf ich rausgehen?»
«Blödmann!»
«Sollen wir ins Bett gehen?»

Die Beziehungsebene beinhaltet die Aussage darüber, wie der Sender der Botschaft seine Beziehung zum Empfänger sieht. Die Zusammenhänge und die gestellten Erwartungen sind entscheidend dafür, wie der Empfänger sowohl auf den Inhalt als auch auf die Beziehungsdefinition reagiert. Das klingt vielleicht ein wenig verwirrend, deshalb will ich hier ein paar Beispiele anführen. Untersuchen wir dazu die oben genannten Aussagen darauf, was sie über die Beziehung zwischen den Kommunizierenden aussagen können:

«Geh und mach den Abwasch!»

Wer das sagt, der definiert seine Beziehung zum Angesprochenen als übergeordnet-untergeordnet. «Ich meine, daß ich das Recht habe, dir jetzt eine Anweisung zu geben, und trete damit so auf, als wäre ich dir übergeordnet.» Wenn der Angesprochene sagt: «Ja, in Ordnung», dann bestätigt er die unausgesprochene Beziehungsdefinition. «Du bist übergeordnet – ich bin untergeordnet.» Diese Bestätigung gilt natürlich zunächst nur für diese Situation.

Wird diese Beziehungsdefinition im Spaß zwischen Erwachsenen ausgesprochen, kann sie eine ganz harmlose Bedeutung haben. Handelt es sich um einen Befehl in einer Regimentsküche, dann drückt er die dort herrschenden Regeln und Werte aus.

Einem Jugendlichen würde es schwerfallen, diesen Satz zu akzeptieren, wenn er nicht auf eine ganz besondere Weise gesagt würde. Denn ein solches Kommando anzunehmen würde bedeuten, daß er den Satz: «Du bist mir übergeordnet, und ich habe zu gehorchen», akzeptierte, und das würde wohl kaum ohne Kränkung geschehen können. Vielleicht würde er antworten: «Na ja, ich muß bloß schnell noch...»

«Darf ich rausgehen?»

Wer diese Frage stellt, der betrachtet den Angesprochenen als übergeordnete Person, die das Recht (oder die Pflicht) hat, Entscheidungen für den Untergeordneten zu treffen. «Ich meine, daß du mir übergeordnet bist und daß ich dir gehorchen soll.»

Wenn ein kleines Kind diese Frage seiner Mutter stellt, dann ist das ganz normal. In der Regimentsküche kommt es ganz auf die besondere Situation an. Fragt hingegen ein Mann dies seine Ehefrau, dann wird deutlich, daß er «unter ihrem Pantoffel» steht.

Stellt ein Jugendlicher diese Frage, dann hat er möglicherweise den Wunsch, sich die Eltern aus strategischen Gründen überzuordnen. Vielleicht fehlt es ihm aber auch an Selbstbewußtsein, oder die Frage hat eine besondere Vorgeschichte. Stellt ein Neunzehnjähriger diese Frage, dann reagieren die Eltern sicher verwirrt und antworten: «Das kann ich ja wohl nicht entscheiden», «Warum fragst du mich das?» oder einfach: «Was ist denn mit dir los?»

«Blödmann!»

Wer das sagt, der hält sich für berechtigt, den anderen kränken zu dürfen. Es handelt sich also um eine Art Überlegenheit. In militärischem Zusammenhang wäre eine solche Beziehungsdefinition nicht verwunderlich. In einer Ehe könnte sie einem Streit Richtung geben, vielleicht auf ganz harmlose Weise. Paare haben manchmal die unausgesprochene Übereinkunft, daß «wenn wir wütend sind, wir innerhalb gewisser Grenzen dumme und unüberlegte Sachen zueinander sagen dürfen. Das wird vergessen, ohne daß wir hinterher noch einmal darüber reden müssen.»

Ein Jugendlicher würde einen solchen Satz immer als Kränkung empfinden. Ist er sich eines gedankenlosen Verhaltens bewußt, dann merkt man das vielleicht nicht, aber an seinem Inneren geht es doch nicht spurlos vorüber. Dort reibt sich der *Ankläger* die Hände und sagt: «Ich habe ja schon immer gesagt, daß du ziemlich blöd bist.» Wenn «Blödmann!» absolut ungerechtfertigt gesagt wird, dann wird sich der Jugendliche mit allen ihm in der Beziehung zur Verfügung stehenden Mitteln verteidigen.

«Sollen wir ins Bett gehen?»

Dieser Satz zeigt, daß der Sprecher sich als berechtigt definiert, die Initiative in der Beziehung zu ergreifen. In einer Ehe kann diese Frage neutral wirken oder aber eine emotionale und erotische Bedeutung haben. Würde ein junges Mädchen dies einen gleichaltrigen Jungen nach einer kurzen Bekanntschaft fragen, dann würde der Junge vielleicht zögernd reagieren. Vielleicht aus Mangel an Interesse oder aber wegen der unausgesprochenen Beziehungsdefinition, daß nämlich das Mädchen sich als berechtigt ansieht, die Initiative in erotischen Dingen verbal zu ergreifen. Das könnte als ein Affront gegen seine Männlichkeit angesehen werden. «Wenn es um Sexualität geht, ergreift der Junge die Initiative. Überläßt man sie dem Mädchen, dann hat man die Situation nicht unter Kontrolle. Und hat man die Kontrolle nicht, dann ist man kein richtiger Mann.»

Der Jugendliche und die Beziehungsbotschaft

Jugendliche sind sehr sensibel für das, was eine Botschaft über die Beziehung aussagt. Es ist für sie unmöglich, einen Befehl von einem Erwachsenen zu akzeptieren. Ebenso schwer fällt es ihnen, einen guten Rat anzunehmen, wenn sie nicht um Rat gebeten haben, denn das gibt ihnen das Gefühl, einem Eindringen in ihre Sphäre stattgegeben oder eine Niederlage eingestanden zu haben. Das hängt damit zusammen, daß Jugendliche immer noch hin- und hergerissen sind zwischen dem Wunsch, selbständig und erwachsen zu sein, und der Sehnsucht, auch wieder einmal klein sein zu dürfen, versorgt und bemuttert zu werden. Das ist völlig natürlich, denn der Jugendliche konnte sich noch nicht genügend Erfahrungen mit dem Erwachsenenleben und seinen Aufgaben und Anforderungen verschaffen. Es braucht Zeit, das Vertrauen in die Fähigkeit zu entwickeln, diese Herausforderungen mit unverändertem Selbstwertgefühl zu meistern.

Diese ganz natürliche Sehnsucht, einmal nicht mehr für sein Leben verantwortlich sein zu müssen, gibt es ebenso bei Erwachsenen. Beim Jugendlichen weckt sie jedoch Unruhe und gemischte Gefühle, denn da es ihm an Lebenserfahrung fehlt, ist er noch nicht grundlegend von den eigenen selbständigen Fähigkeiten überzeugt.

Deshalb ist der Jugendliche so sehr empfindlich für die Beziehungsdefinition in der Kommunikation mit Erwachsenen. Das gilt um so mehr, wenn der Erwachsene eine Autorität ist und wenn der Jugendliche aus der kindlichen Perspektive, die er in gewissem Grade noch einnimmt, gewohnt ist, diese Person als «übergeordnet» anzusehen. Eine Grundregel in der Kommunikation mit Jugendlichen ist deshalb: Machen Sie deutlich, daß Sie den Jugendlichen als eine selbständige Person respektieren. Vermeiden Sie Botschaften, die ihn als nicht ebenbürtig und abhängig definieren.

Es ist natürlich eine Tatsache, die nicht verschwiegen werden darf, daß der Erwachsene die umfassende Verantwortung trägt; er muß das jedoch nicht immer betonen. Hierzu einige Beispiele: Ist der Jugendliche in seinem Zimmer, klopfen Sie, und warten Sie auf Antwort, ehe Sie das Zimmer betreten. Das Klopfen vermittelt: «Ich meine, daß du eine Person bist, die das Recht auf einen Raum hat, über den sie bestimmt.» Steht die Tür auf, fragen Sie erst: «Darf ich hereinkommen?» Ist der Jugendliche mit etwas beschäftigt, und wollen Sie ihn unterbrechen, fragen Sie: «Darf ich dich mal kurz unterbrechen?» Erzählt der Jugendliche von etwas, das Sie gern kommentieren würden, obwohl die Situation nicht eindeutig dazu einlädt, fragen Sie: «Darf ich zu dem, was du sagst, etwas beitragen?»

Wenn der Jugendliche von einem Problem erzählt,

ohne direkt um Rat zu bitten, kann man fragen: «Wo du das gerade erzählst, würde ich dir gern einen Rat dazu geben. Darf ich das?» Wollen Sie etwas dazu sagen, ohne vorher «anzuklopfen», dann können Sie auch die Situation mit sich selbst in Verbindung bringen. Anstelle von: «Nimm mehr Geld mit», kann man es so versuchen: «Wenn ich auf solch eine lange Reise ginge, wie du es beschreibst, würde ich wahrscheinlich mehr Geld mitnehmen.» Anstelle von: «Du mußt lernen, dich durchzusetzen», kann man sagen: «Wenn mich jemand so behandelte, wie du es gerade beschreibst, dann hätte ich wahrscheinlich Lust, es dem mal zu zeigen.»

Mit diesen Beispielen möchte ich dem Leser nicht raten, dieselben Formulierungen zu benutzen, sondern lediglich eine Art zeigen, Jugendlichen respektvoll gegenüberzutreten. Man muß versuchen, die Bereitschaft der Jugendlichen, sich das anzuhören, was man zu sagen hat, zu steigern. Die oben genannten Beispiele passen am besten zum offenen Familienstil, für den Kommunikation ein entscheidender Wert ist. Man kann jedoch sicher andere Wege finden, seinen Respekt vor der Selbständigkeit des Jugendlichen auszudrücken, die innerhalb des Rahmens der anderen Familienstile liegen.

«Es ist nur zu deinem eigenen Besten»

Indem sie den Jugendlichen seine Abhängigkeit nicht unnötig spüren lassen, tragen Eltern die Verantwortung für ihre eigene Abhängigkeit von dem Jugendlichen, ohne ihn damit zu belasten. Eine gängige Falle ist der Satz: «Es ist nur zu deinem eigenen Besten.» Zunächst einmal hat der Jugendliche wahrscheinlich nicht darum gebeten zu erfahren, was zu seinem eigenen Besten ist. Die allerwenigsten Jugendlichen bitten: «Sag mir doch, was zu meinem Besten ist.» Sie fragen schon eher: «Was würdest du machen, wenn...» oder: «So sieht die Sache aus, hast du einen Tip...?» Dann möchte der Jugendliche gern selbst entscheiden, was zu seinem Besten ist.

Eigentlich wollen die Eltern mit diesem Satz nur ausdrücken: «Ich will dich nicht kontrollieren» oder: «Ich spreche nicht für mich, sondern versuche nur etwas zu tun, von dem ich glaube, daß es für dich gut ist.» Manchmal wird das jedoch nicht deutlich. Der Wunsch der Eltern: «Ich möchte, daß du zu einer bestimmten Zeit nach Hause kommst, damit du morgen in der Schule nicht müde bist», klingt ja gut, hat aber oft noch andere Hintergründe, wie: «Ich bin beunruhigt, wenn du so spät noch fort bist.» Diese Unruhe mag zum Teil übertrieben sein und ist somit allein das Problem der Eltern, aber es fällt schwer, das einzusehen. Außerdem meint man, als Eltern versagt zu haben, wenn in der Schule über den Jugendlichen geklagt wird. Das alles sind Empfindungen, für die man sich überhaupt nicht schämen muß, aber Eltern ziehen es doch vor, sie hinter «Zu deinem eigenen Besten» zu verstecken.

Natürlich kann hinter dem Satz «Es ist nur zu deinem eigenen Besten» eine ehrliche Sorge um den Jugendlichen stehen. Gibt es aber noch andere Motive, dann wird der Jugendliche mit dem sicheren Gespür eines Jagdhundes darauf stoßen. Er wird fühlen, daß die Eltern nicht zu ihren eigenen Bedürfnissen oder ihrer Abhängigkeit von dem Kind stehen, sondern das ganze Problem auf ihn übertragen.

Wovon sind Eltern abhängig? Zunächst einmal davon, daß andere sich nicht über den Jugendlichen beklagen. Die meisten Eltern legen mehr Wert darauf, daß ihre Kinder sich gut machen, als sie sich selbst eingestehen möchten. Außerdem sind Eltern davon abhängig, daß ihre Kinder sie beruhigen, wo sie unruhig sind. Den folgenden Satz können die meisten Jugendlichen akzeptieren: «Bitte ruf doch an, wenn es spät wird. Ich weiß, daß du auf dich aufpassen kannst, aber es wäre einfach schön für mich, wenn du anrufst, denn dann kann ich besser schlafen.» Wenn Eltern allerdings nicht einsehen, wie empfindlich sie in dieser Hinsicht sind, dann schieben sie die ganze Verantwortung den Jugendlichen zu: «Ich bin wirklich nicht empfindlich, aber du bist einfach so jung, so unerfahren, so gutgläubig.»

Dieses Verhalten wird den Jugendlichen kränken, auch wenn er in seinem Innern die Unruhe der Eltern verstehen kann und sie als einen Ausdruck der Sorge und Zuneigung empfindet.

Ich habe nun den Beziehungsaspekt in der Kommunikation hervorgehoben. Damit wollte ich zeigen, daß man im Alltag keineswegs immer darüber nachdenkt, wie stark eine bestimmte Botschaft die Beziehung zu demjenigen, mit dem man spricht, definiert. Versucht man, die Beziehung nicht unnötig zu belasten, dann begünstigt man die sachliche Diskussion über den Inhalt einer Botschaft.

Es fällt Jugendlichen schwer, den Inhalt einer elterlichen Botschaft zu akzeptieren, wenn sie damit eine Definition der Beziehung «kaufen» müssen, die sie selbst als unwissend und abhängig darstellt. Dies gilt für alle menschlichen Beziehungen, ist aber im Umgang mit Jugendlichen von besonderer Bedeutung.

Kommunikation wird von Streß beeinflußt

Jeder von uns entwickelt gewisse Kommunikationsmuster und ein Repertoire an Variationen dieser Muster. Manche Menschen sind direkt, geradeheraus, sprechen im Klartext, während andere zurückhaltender sind und sich mit Andeutungen zufriedengeben. Der eine spricht mehr aus seinen Gefühlen heraus, der andere von seinen Ansichten her.

Wir verlassen uns in unterschiedlichem Grad auf Informationen, die wir über verschiedene «Kanäle» erhalten: Wir sehen, hören, fühlen und denken, wenn wir uns im Zusammenleben orientieren. Wenn wir mit anderen sprechen, dann wenden wir spontan die Kanäle an, die uns vertraut sind. Deshalb fällt uns der Umgang mit Menschen, die die gleichen Kanäle wie wir verwenden, besonders leicht. «Ich sehe keine Möglichkeit», «Das klingt nicht gerade sehr verlockend» und «Das ist alles aussichtslos» könnten unterschiedliche Formulierungen für dieselbe Situation sein. Manchmal haben diejenigen, die vom Gefühl her sprechen, und diejenigen, die ihre Gedanken äußern, es schwer, einander zu verstehen.

Streßmuster

Verschiedene Streßmuster beeinflussen die Art und Weise, wie wir unsere Gedanken und Gefühle andern vermitteln, indem sie sich mit unseren alltäglichen Kommunikationsmustern verbinden. Die amerikanische Familientherapeutin Virginia Satir hat vier solcher Streßmuster beschrieben. Hier gebe ich sie getrennt wieder, im Alltag jedoch treten sie immer vermischt auf, von bloßen Andeutungen bis hin zur Überdeutlichkeit.

Wenn wir gestreßt sind, dann taucht laut Satir der *Abwiegler* in uns auf, um unser Verhalten andern gegenüber zu steuern. Der Abwiegler glaubt, alle glücklich machen zu müssen. «Seien Sie mir nicht böse, ich will niemandem zur Last fallen, alles mache ich falsch, entschuldige, daß ich existiere, aber...» In ihrem tiefsten Inneren sind Abwiegler oft böse auf sich selbst, haben aber entweder keinen Zugang zu diesem Gefühl oder wagen nicht, es zu zeigen. Sie sind überzeugt davon, daß niemand sie liebt, vor allem dann nicht, wenn sie sich auch nur im geringsten als böse oder anstrengend erweisen. Sie definieren Beziehung als: «Ich bin dir unterlegen», und ihre Körperhaltung sagt dasselbe aus.

Satir meint, daß es manchmal auch nur unser alter Bekannter, der *Ankläger* ist, der hier einmal die äußere Szene betritt. Der Ankläger ist eine innere Instanz, die natürlich nicht nur unsere Selbsteinschätzung, sondern auch unser äußerliches Handeln beeinflußt hat. Beziehung definiert er so: «Ich habe recht, du hast unrecht, bist dumm oder ungerecht.» Das heißt im Klartext: «Ich betrachte mich als überlegen.» Das spiegelt sich auch in der Körperhaltung wider, in einer strengen Miene und dem Zeigefinger, der sich auf das Objekt der Mißbilligung richtet. In seinem Inneren ist der *Ankläger* oft traurig und verletzt. Er hat die Erfahrung gemacht, daß sich eigentlich niemand um ihn oder um das, was er sagt, schert, aber er kann das nicht zeigen.

Nun gibt es noch eine dritte Variante, den *Übertrieben Vernünftigen.* Er versteht alles am besten, kann sich über Gefühle hinwegsetzen, vernünftige Argumente bringen und die anderen merken lassen, wie klug er ist. Beziehung definiert er als eine verborgene Überlegenheit: «Es ist keineswegs so, mein Lieber, daß ich auf irgendeine Weise besser bin als du. Zufällig sind nur meine Argumente und Gedanken den deinen so furchtbar überlegen.» In seinem Innern fühlt sich der Übertrieben Vernünftige leer, sein Körper ist ausgelaugt. Gefühle sind für ihn unerreichbar, abgesehen von dem hohlen Empfinden seiner eigenen Großartigkeit kennt er nur trockene Gedankengänge in sich. Ein kurzer Wortwechsel zwischen Vater und Sohn kann dies verdeutlichen: Der Jugendliche sagt zu seinem zeitungslesenden Vater: «Immer spielst du den Überlegenen und glaubst wohl, daß du alles besser weißt. Du bist so ein richtiger Wesserbisser.» Der Vater, ohne von der Zeitung aufzuschauen: «Es heißt ‹Besserwisser›.»

Satir stellt noch ein viertes Kommunikationsmuster vor, den *Ablenker*, den Verwirrenden, der alle Aufmerksamkeit auf sich zieht, dem es gelingt, eine Sache zu vertuschen oder ein heilloses Durcheinander anzurichten. Der Ablenker verwandelt seine innere Bühne in ein großes Trampolin, auf dem alle inneren Gestalten durcheinanderhüpfen. Alle sind ganz damit beschäftigt, sich auf den Beinen zu halten, und es ist unmöglich, Zusammenhänge, Gefühle und Beziehungen in Ordnung zu bringen. Auch auf der äußeren Bühne gelingt es dem Ablenker, sein Publikum mitzureißen. Durch sein verwirrendes oder übertrieben ulkiges Benehmen lenkt er die Aufmerksamkeit weg von wesentlichen Vorgängen. Eine Beziehungsdefinition erfolgt gar nicht: «Was heißt hier Beziehung, ich weiß nicht, wovon du redest, in diesem Durcheinander gibt es ja wohl keine

Beziehungen.» In seinem Innern fühlt sich der Ablenker sowohl körperlich als auch geistig völlig aus dem Gleichgewicht gebracht.

Diese Kommunikationsmuster treten unter dem Einfluß von Streß, wenn wir nichts mit Gefühlen oder Verletzlichkeit zu tun haben wollen, deutlich hervor. Laut Virginia Satir haben wir alle ein gemeinsames Problem, wenn die Streßmuster über uns herrschen. In unserem tiefsten Innern zweifeln wir daran, geliebt zu sein. Wir können nicht glauben, daß es jemand mit uns aushalten würde, wenn wir uns so zeigten, wie wir wirklich sind, wie nur wir uns kennen. Diese Streßmuster können auch unsere alltäglichen Verhaltensmuster unterwandern. So scheinen manche Menschen sich in jeder Beziehung abwiegelnd zu verhalten.

Diese Muster treten selten in Reinkultur auf. Wir alle haben eine Mischung aller vier Streßmuster in uns, und welches davon unser Verhalten am meisten beeinflußt, ist davon abhängig, mit wem wir kommunizieren und wie dessen Streßmuster beschaffen sind. Manche Verhaltensweisen lösen andere aus, so treten zum Beispiel der Ankläger und der Abwiegler gern gemeinsam auf.

Disqualifizierende Kommunikation und die Ich-Botschaft

Die Kommunikation der Menschen untereinander kennt viele Seiten, die wichtig sind. Meist stehen sie in engem Zusammenhang mit den Beziehungsdefinitionen, und es ist angeraten, disqualifizierende Kommunikation zu unterlassen. Damit sind Botschaften gemeint, die bedrohlich, kränkend, abwertend, herablassend oder hochfahrend sind. Im Alltag lassen sich solche Botschaften jedoch nicht immer vermeiden: «Das war aber dumm von dir», «Laß mich das doch machen, dann wird es etwas», «Das sollte man in deinem Alter aber schon können». Disqualifizierende Botschaften lösen bei demjenigen, der sie entgegenzunehmen hat, Abwehrreaktionen aus. Wird dann ein anklagendes Muster verwendet, dann ist das Ergebnis ein disqualifizierender Gegenangriff. Ist die Neigung, abwiegelnd zu reagieren, größer, dann ist die Antwort eine Selbstanklage.

Disqualifizierende Botschaften können mit Hilfe der sogenannten Ich-Botschaft vermieden werden. In diesem Fall spricht man von sich und nicht über den Gegenpart. Thomas Gordon beschreibt dies so: Wenn man von sich selbst und nicht von dem anderen redet, dann macht man es dem Gegenüber leichter zuzuhören und weniger aggressiv zu reagieren.

«Ich fühle mich verletzt» – anstelle von «Du bist gemein».

«Ich fühle mich allein gelassen» – anstelle von «Du drückst dich vor allem».

«Es macht mich wahnsinnig, wenn du nicht mit mir redest» – anstelle von «Du bist eine arrogante blöde Kuh».

Dies ist leichter gesagt als getan, vor allem wenn starke Gefühle mit im Spiel sind. Spricht man von seinem Gegenüber, dann kann man seine eigene Verletzlichkeit verbergen. Wendet man die Ich-Botschaft an, dann gesteht man diese Verletzlichkeit ein, und das fällt oft schwer. Das ist natürlich Übungssache, aber Kommunikation kann man eben auch nur bis zu einer gewissen Grenze «üben». Sonst geht die Spontaneität verloren, und alles wird zu einer Parodie auf einen Gesprächskurs «Kommunizieren leichtgemacht».

Eine andere Seite der Kommunikation, die hier auch schon ausführlicher besprochen worden ist, betrifft die Frage der Kontrolle. Jugendliche hassen es, sich kontrolliert zu fühlen, denn dann wird ihre Kompetenz, ihr Leben selbst in die Hand zu nehmen, in Frage gestellt. Das geschieht in ihrem Innern oft genug. Sie kämpfen bereits mit Selbstzweifeln und dem Gefühl mangelnder Kompetenz. Der *Ankläger* in ihnen gewinnt Punkt um Punkt mit «nun warst du ja wieder besonders ungeschickt» oder ähnlichen Kommentaren. Der *Lobende* schüttelt nicht selten den Kopf und läßt wissen, daß da nicht viel ist, worauf man ein Selbstbewußtsein gründen kann. Alle diese Gefühle sind natürlich und auch gesund. Sie zwingen den *inneren Wegweiser* dazu, ständig bessere Möglichkeiten, mit der Umwelt zusammenzuspielen, zu suchen, zu entdecken und zu entwickeln. Ein gesundes Selbstbewußtsein baut auf die Erfahrung auf, daß man mit den verschiedenen Situationen des Erwachsenenlebens einigermaßen klarkommt oder daß man zumindest imstande ist, das zu lernen, was man dazu braucht.

Bis man eine Menge Erfahrungen gesammelt hat, muß allerdings auch Platz für Zweifel und Unsicherheit sein. Aber das ist leicht gesagt, und der innere *Ankläger* entdeckt immer wieder gute Angriffspunkte, ehe die Wegweiserfunktionen entwickelt werden können. Bis auf weiteres ist der Jugendliche also sehr empfindlich gegenüber Kritik, und es fällt ihm schwer, sich den praktischen Inhalt einer solchen Kritik zunutze zu machen.

KAPITEL 5

Was Eltern und andere Erwachsene von Jugendlichen lernen können

Gegenseitige «Erziehung»

Eltern erziehen ihre Kinder. Aber das ist nicht die ganze Wahrheit über das, was im Zusammenspiel zwischen Eltern und Kindern geschieht. Kinder erziehen auch ihre Eltern. Solange sie zu Hause wohnen, leisten Kinder eine große und wenig beachtete Arbeit, indem sie sich gute und funktionierende Eltern aus dem «Rohmaterial», das ihnen zugeteilt wurde, «basteln». Meist tun sie das, indem sie das Verhalten ihrer Eltern beeinflussen. Aber Jugendliche wirken auch in tieferem Sinn auf ihre Eltern ein.

Im vorangegangenen Kapitel habe ich darauf hingewiesen, daß Jugendliche durch ihre Art, die Werte der Eltern zu beurteilen, ihnen auch einen Anstoß geben können, ihr Wertesystem und ihre Lösungen von Lebensproblemen zu überdenken. Vielleicht ist «Erziehung» nicht der richtige Ausdruck für diesen Prozeß. Es ist eher so, daß Eltern im Zusammenspiel mit Kindern und Jugendlichen die Gelegenheit erhalten, etwas Neues auch über sich selbst zu lernen, über ihre Möglichkeiten und ihr Gefühlsleben, über das Leben in seiner Ganzheit und den Sinn des Lebens.

Unter günstigen Umständen drücken die Kinder ihre Bedürfnisse so aus, daß die Eltern sich daran allmählich zu den Eltern formen können, die eben dieses Kind braucht. Während dieses Prozesses muß man viel lernen. Eltern verstehen und merken sicher, daß sie von ihrem Kind beeinflußt werden, aber wahrscheinlich meinen sie nicht, daß sie auch in tiefgehender Weise durch es verändert werden. Diese Entwicklung ist keineswegs auf die Zeit beschränkt, in der die Kinder aufwachsen, sondern dauert das ganze gemeinsame Leben lang an.

Die Mutter eines Säuglings lernt von ihrem Kind, wie sie ihre psychologischen Grenzen aufheben und sich ganz in Anspruch nehmen lassen kann. Die Mutter eines etwas älteren Kindes lernt wiederum, wie sie neue Grenzen einrichten kann, indem sie durch ihr Auftreten oder durch ihre Worte Bedürfnisse deutlich macht, indem sie nein sagt, sowohl um ihres Kindes als auch um ihrer selbst willen. Der Vater lernt unter anderem, die nonverbale Sprache besser zu verstehen, er findet zu seiner Fähigkeit zu spielen zurück und zeigt mehr von seinen spontanen und sanfteren Zügen.

Während des Aufwachsens eines Kindes kann man unendlich viele solcher Beispiele finden. Was können also die Eltern eines Jugendlichen von ihrem Kind lernen? Welche verändernden Entwicklungen machen sie mit? Diese Frage werden wir im folgenden behandeln. Der Jugendliche erhält zum zweiten Mal während seines Lebens die Chance, gewisse Lösungen in seiner Entwicklung, die in den ersten Lebensjahren nicht gut getroffen wurden, neu anzugehen.

Trennung und Abhängigkeit

Der Jugendliche kann erneut seine Unabhängigkeit erwerben, die er zum Teil schon während seiner ersten Lebensjahre aufbauen konnte. Diese Arbeit bringt den Trennungsschmerz mit sich und die Herausforderung, sein Handeln in der äußeren Welt nun in den Griff bekommen zu müssen, zusammen mit den inneren Erlebnissen, Gefühlen und Phantasien. Während er sich in der Kindheit mit einem Vorgeschmack auf das Erwachsenenleben begnügen mußte, erhält der Jugendliche nun die Möglichkeit, sich dieses Leben ganz zu erobern. In diese Arbeit sind die Eltern eng verwoben.

Stehen die Dinge günstig, dann ist diese Gelegenheit, Abhängigkeit abzubauen und Selbständigkeit zu entwickeln, nicht die letzte für den jungen Menschen. Wenn er selbst einmal Kinder hat und eigene Jugendliche, die im Begriff sind, von zu Hause auszuziehen, dann wird sich noch einmal die Chance bieten, an den Gefühlen um Selbständigkeit und Abhängigkeit zu arbeiten.

Bei der Betrachtung, was geschieht, wenn ein Jugendlicher selbständig wird, haben wir uns zumeist auf das konzentriert, was in seinem Innern vor sich geht und wie er sich verhält. Das innere Dilemma der Eltern haben wir nur kurz gestreift. Das Verhalten der Eltern wird überwiegend als Reaktion auf das Benehmen der Jugendlichen behandelt.

So habe ich zum Beispiel behauptet, daß Jugendliche dazu neigen, ihre Eltern zu disqualifizieren, um sich selbst davon zu überzeugen, daß sie hervorragend ohne sie leben können. Wenn der Jugendliche sich anstrengend und schwierig «macht», dann zeigt das aber nicht nur, daß er Abstand zu den Eltern braucht. Es ist dies auch die Hilfe, die er den Eltern bietet, die nun die Abhängigkeit ihres geliebten Kindes verlieren. «Er ist gerade ziemlich anstrengend, es wird eine Erleichterung sein, wenn er mal auszieht.» «Sie ist jetzt so groß, wir streiten uns die meiste Zeit. Es wird gut sein, wenn sie auszieht.» Wenn man Eltern fragt, wie es ist, wenn die Kinder ausgezogen sind, dann erhält man unterschiedliche Antworten. Die meisten geben – ohne großes schlechtes Gewissen – zu: «Ja, es ist traurig, natürlich vermissen wir ihn. Aber, um die Wahrheit zu sagen, es ist auch ganz schön.» Die Eltern müssen auch eine tiefgehende Trauerarbeit leisten, die schon beginnt, wenn klar wird, daß «Hänschen klein in die weite Welt gehen wird» oder «Die Kleine nicht mehr so klein ist». Aber endgültig wird es doch erst, wenn der Jugendliche von zu Hause auszieht.

Die Eltern sitzen im «leeren Nest». Diese Situation werden sie nicht bewältigen können, wenn sie nicht vorher schon einiges über Selbständigkeit und Abhängigkeit dazugelernt haben. Sie wissen schon viel über Trennung aus ihrer eigenen Erfahrung als Kind und Jugendlicher heraus. Was ist jetzt anders? Der Unterschied ist, daß sie sich jetzt mit ihrer ganzen erwachsenen Erfahrung und nicht selten in einem Alter, wo sie schon über die Hälfte ihres voraussichtlichen Lebens gelebt haben, dem umwälzenden Ereignis, das Band tiefer Abhängigkeit zu lösen, stellen müssen.

Eltern, die vielleicht nicht glauben, daß man mit seinen Kindern so eng verbunden ist und daß man emotional so abhängig von ihnen und ihrer Existenz ist, sollten einmal mit Eltern sprechen, die ihre Kinder verloren haben oder deren Kinder durch körperliche oder psychische Krankheiten unnahbar geworden sind.

In solchen Situationen wird die Stärke des Bandes zwischen Eltern und Kindern offenbar.

Der Jugendliche sollte sich nicht schwieriger machen müssen als unbedingt notwendig, um den Eltern die Trennung zu erleichtern. Das Erwachsenwerden ihres Kindes bietet den Eltern die Anleitung und die Möglichkeit, ihre Fähigkeit zu entwickeln, vielleicht zusammen mit ihrem Partner, alle ihre gemischten Gefühle zu tragen: das Vermissen, das schlechte Gewissen für alle Gelegenheiten, die «schiefgingen» und dafür, daß es sich auch schön anfühlt, daß das Kind jetzt geht. Sie müssen die Wut auf den Jugendlichen tragen, der es ihnen nicht «erlaubte», so gute Eltern zu werden, wie sie gehofft hatten, und den Neid auf die vielen Möglichkeiten, die vor dem Jugendlichen liegen, vermischt mit der Sorge, nun nicht mehr alle Steine aus dem Weg räumen zu können. Stolz und Freude kommen noch dazu, Gefühle, die auch auf eine neue Weise beherbergt werden müssen.

Neue Lebensperspektiven

Ich meine nicht, daß alle Eltern von Jugendlichen sich in dem vollen Akkord von Beziehungen und Gefühlen wiedererkennen müssen, aber vielleicht doch in einigen wichtigen Teilen davon. Es gibt sehr viel, was Eltern aus dem Umgang mit ihren Jugendlichen lernen können. Wenn sie zuhören, können sie lernen, wie es «heute zugeht» und sich dadurch eine neue Blickweise auf «wie es früher war», als sie selbst Kinder oder Jugendliche waren, eröffnen.

Eltern können ihre Gesellschaft neu betrachten, mit

ihren Mängeln und Verdiensten, für die sie seit langem – und das ist nur zu verständlich – schon betriebsblind geworden waren. Sie können etwas darüber lernen, wie man verhandelt, gut zuredet und argumentiert – es werden sich viele Gelegenheiten bieten, die Geschicklichkeit in diesen Dingen zu üben. Sie müssen lernen, Sorge, Machtlosigkeit und Unwissenheit auszuhalten. Es eröffnet sich ihnen eine neue, vielleicht endgültige Chance, ihren Lebensstil und ihre Werte zu überdenken und zu verändern, bevor es zu spät ist. Das kann politische Ansichten, Umweltfragen, Arbeitslosigkeit und vieles mehr betreffen.

Im Zusammenspiel mit ihren Halbwüchsigen lernen Eltern etwas über den unerbittlichen Lauf der Zeit. Sie entdecken vielleicht, daß ihre Kinder eine Klugheit und Weisheit besitzen, die über ihre eigene begrenzte Lebenserfahrung hinausreicht. Es scheint manchmal, als würden die jungen Leute aus einer Quelle schöpfen, die für uns nur schwer zugänglich ist, eine tiefe und ursprüngliche Quelle, aus der schöne Poesie, seltsame Musik und erstaunliche Bilder strömen. So können auch Eltern die Möglichkeit erhalten, ihr Leben aus einer neuen, vertiefenden Perspektive zu sehen.

KAPITEL 6

Alltagsprobleme von Jugendlichen

Bisher habe ich meist über gewöhnliche Jugendliche, ihre Entwicklung und den Alltag in ihrer Familie geschrieben. Probleme sind nur im Vorbeigehen berührt worden, abgesehen von der negativen Identität, die umfassender betrachtet wurde. In diesem Kapitel nun werde ich die Probleme von Jugendlichen aus einer mehr alltagspsychologischen als einer psychiatrischen Sicht behandeln. Auf ernsthafte psychische Störungen werde ich nur kurz im nächsten Kapitel eingehen.

Beginnen wir damit, was Jugendliche bekümmert. Hierzu zunächst ein paar Worte über Erscheinungen, die nicht in erster Linie Beziehungen betreffen, sondern die Unruhe, die ihnen die Zukunft verursacht.

Äußere Bedrohungen – Krieg und Umweltzerstörung

Jugendliche machen sich Sorgen um unsere Lebenssituation auf der Erde; Umweltzerstörung und Kriegsbedrohung verunsichern sie. Bis zum Ende der 80er

Jahre, als die Beziehungen zwischen den USA und der Sowjetunion sich im Hinblick auf das Wettrüsten veränderten, war die Angst der Jugendlichen vor einem Atomwaffenkrieg greifbar. Verschiedenen Befragungen zufolge war dies ihre größte Sorge.

Um die Kraft zu haben, sich für die Gesellschaft einzusetzen, müssen Jugendliche an den Fortbestand der Welt glauben können. Die atomare Bedrohung jedoch wirkte lähmend auf viele junge Menschen und höhlte ihren Glauben an die Menschheit als Ganzes und an das Verantwortungsgefühl machthabender Erwachsener aus. Eines der größten Probleme für sie stellte die Passivität und Trägheit der Erwachsenen dar. Jugendliche und Kinder waren wohl über das Wettrüsten und die Bedrohung an sich beunruhigt, aber besonders groß war doch die Verzweiflung, daß es so schwer war, mit Eltern oder anderen Erwachsenen darüber zu diskutieren. Sie litten darunter, daß die Erwachsenen weder den Ernst der Lage zu begreifen schienen, noch darüber reden wollten. Die psychologische Abwehr der Todesangst ist bei Jugendlichen nicht so stark ausgeprägt wie bei Erwachsenen, und zudem fällt es Erwachsenen leichter, Probleme zu verdrängen.

Heutzutage wird die Angst vor der Zukunft von der Umweltzerstörung und der Machtlosigkeit gegenüber diesem Problem dominiert. Die jungen Leute haben das Gefühl, daß die Erwachsenen ihre Sorge weder verstehen, noch Verantwortung für die Lösung der Probleme übernehmen wollen. Das ist insofern problematisch, als die jugendliche Identität zum Teil darauf beruht, an sich selbst und an eine Fortsetzung des eigenen Ichs in der Zukunft glauben zu können. Das kann schwierig genug sein, aber es wird noch schwieriger, wenn fraglich geworden ist, ob es überhaupt eine Zukunft geben wird.

Einen Platz finden

Jugendliche machen sich heute mit Recht Sorgen darum, ob sie noch einen Platz in der Gesellschaft finden werden, nicht zuletzt wegen der großen Arbeitslosigkeit. Die Unsicherheit in Sachen Berufsfindung macht es schwer, sich vertrauensvoll in eine Ausbildung zu begeben. Wenn Jugendliche sich mit den Werten ihrer Gesellschaft und ihrer Kultur identifizieren, dann ist es wichtig für sie, sich in dieser Gesellschaft auch willkommen zu fühlen und zu merken, daß dort ein Platz für sie ist und daß man sie braucht.

Eine Identität kann es nicht in einem sozialen Vakuum geben, und die Erfahrung, sich in einem von der Gesellschaft anerkannten Beruf nützlich zu machen und zu engagieren, untermauert die Identität. Unsere Gesellschaft ist kompliziert. Es gibt dort eine unüberschaubare Anzahl Berufe, und es ist schwer, eine Wahl zu treffen. Außerdem ist es schwer, einen Ausbildungsweg zu wählen, wenn die zukünftige Arbeitsmarktsituation noch im dunkeln liegt. Viele Jugendliche leben in einer grundlegenden und quälenden Unsicherheit, was ihre berufliche Zukunft betrifft. Sie brauchen gute Unterstützung, um diese Zeit der Unsicherheit zu überstehen und Erfahrungen zu sammeln.

Die Sorge, zu nichts zu taugen und keinen Platz in der Gesellschaft zugewiesen zu bekommen, ist schwer zu tragen. Deshalb schützen sich Jugendliche manchmal dagegen, indem sie so tun, als wollten sie überhaupt nichts mit der Gesellschaft zu tun haben. «Diese Gesellschaft ist das letzte, ich scheiße drauf.» Aber auch die Jugendlichen, die wohlüberlegt und zutiefst kritisch der Gesellschaft gegenüber stehen, wünschen sich in ihrem Innersten, daß es doch einen Platz dort für sie geben möge. Schwierige Jugendliche, zum Beispiel Drogenabhängige, möchten nach einem Entzug oft am liebsten das Leben eines «Otto Normalverbrauchers» führen.

Die Angst, kontrolliert und abgewiesen zu werden

Verlassen wir nun die Ebene der Gesellschaft und wenden wir uns mehr privaten Fragen zu. Worüber machen sich Jugendliche in ihren Beziehungen Sorgen? Die Abhängigkeit von den Eltern haben wir schon angesprochen. Der Jugendliche selbst ist meist nicht so sehr über die Abhängigkeit an sich beunruhigt. Mit dem Ausdruck dieses Gefühls ist er schon oft konfrontiert worden, denn über Abhängigkeit zu reden ist die Art der Erwachsenenwelt, die Situation des Jugendlichen zu beschreiben.

Jugendliche sind irritiert, wenn die Eltern eine zu starke Kontrolle ausüben und ihnen zu wenig Freiheiten lassen. Die Eltern mischen sich ein und versuchen zu steuern. Manchmal sind sie übertrieben ängstlich und können dem Jugendlichen deshalb keinen eigenen Freiraum zugestehen. Dann wieder verhalten sich die Jungen so, daß die Eltern keine andere Wahl zu haben meinen, als einzugreifen – allerdings fällt es den Jugendlichen schwer, ihren Anteil an dieser Situation einzusehen. Eltern pflegen ihr Verhalten als Sorge und Unterstützung zu bezeichnen, und wenn sie Kontrolle ausüben, dann oft mit gemischten Gefühlen. Die Jugendlichen fühlen sich von ihren wohlmeinenden Eltern in die Ecke gedrängt und sehen sich dann gezwungen, dramatisch zu reagieren, um ihre Integrität zu schützen und die Eltern davon abzuhalten, sich kontrollierend zu verhalten.

Jugendliche sind sehr empfindlich in ihrer Sorge, abgelehnt zu werden. Es ist furchtbar schmerzhaft, von Menschen abgewiesen zu werden, die wichtig sind, zum Beispiel von Freunden, aber vor allem ist es schlimm, von dem oder der Ersehnten abgewiesen zu werden. Wieviel Zeit verbringen Halbwüchsige nicht im Gespräch mit Freunden oder allein grübelnd damit herauszufinden, ob er oder sie auch interessiert ist, nur um das schmerzhafte Erlebnis, zurückgewiesen zu werden, zu vermeiden. Das Problem liegt nicht nur in der Angst, allein gelassen zu werden, sondern darin, daß man die Möglichkeit bekommen möchte, die Liebe und die Fürsorge zu geben, auf die die Verliebtheit Lust weckt, ohne immer fürchten zu müssen, weggeschickt zu werden oder nicht gut genug zu sein – denn das wäre ein schwerer Schlag für das Selbstbewußtsein.

Die Angst, ihn oder sie nicht zu finden

Die Sehnsucht nach dem oder der Ersehnten kann – in diesem Alter, wo die Verliebtheit dauernd sein kann, wenn auch die Ziele wechseln – fast nicht auszuhalten sein. Diese Sehnsucht wird, zumindest in der frühen Pubertät, nicht nur von sexuellen Wünschen getrieben, sondern auch von der Angst, plötzlich allein zu sein. Mit einem geliebten Ersehnten, oder zumindest mit irgend jemandem zusammen zu sein, macht es leichter, das Band der Abhängigkeit zu den Eltern zu lösen, und mildert den Konflikt ab, der dadurch entsteht, daß man ja immer noch die Mama und den Papa der Kinderjahre als hauptsächlichen Ersehnten in sich hat.

Außerdem lernen die Jugendlichen sich in der Verliebtheit selbst neu kennen, da sie das Bild des Ersehnten mit eigenen Eigenschaften versehen. Auf diese Weise entwickeln sie Persönlichkeitszüge, die sonst brachliegen würden. Jungen erhalten die Gelegenheit, indem sie sich in ihrer Freundin widerspiegeln, einige ihrer weiblichen Seiten auszubilden, und umgekehrt. Es ist die Frage, inwieweit in diesen frühen pubertären Beziehungen der andere als wirklicher Partner aufgefaßt wird. Gewöhnlich braucht es einige Jahre, bevor eine Freundschaft diesen Reifegrad erreicht, aber der Weg dorthin wird leichter gemacht, wenn man miteinander «trainieren» darf. Die Ansprüche, die Jungen und Mädchen an eine Beziehung haben, unterscheiden sich in mancher Hinsicht. Jungen scheinen mehr an einer sehr körperlichen Erotik interessiert zu sein, während Mädchen ein schwärmerisches und platonisches Interesse zeigen. Aber auch innerhalb der Geschlechtergruppen gibt es viele individuelle Unterschiede.

Sich blamieren, scheitern

Neben der Angst, abgewiesen zu werden, hassen Jugendliche es, sich zu blamieren. Wenn Erwachsene auf Kosten des Jugendlichen spaßen, indem sie ihn lächerlich machen, dann kann das so kränkend wirken, daß er auf den Betreffenden viele Jahre lang einen schonungslosen Haß hegt. Jugendliche sind, vor allem in der frühen Pubertät, sehr selbstkritisch und immer bereit, ihre eigene Erscheinung als peinlich zu empfinden. Diese innere Neigung, sich selbst lächerlich zu finden, macht sie sehr empfindlich gegenüber den Späßen der Erwachsenen und auch der Gleichaltrigen.

In diesen Zusammenhang gehört auch der Unwille, sich in Dingen zu engagieren, die den Jugendlichen möglicherweise das Gefühl des Scheiterns geben könnte. So ist die Weigerung, in der Schule mitzuarbeiten, wenn sie dort ins Hintertreffen geraten sind, ein reiner Selbsterhaltungstrieb. Der deutsche Soziologe Thomas Ziehe hat in seinem Buch «Plädoyer für ungewöhnliches Lernen. Ideen zur Jugendsituation» die Lernsituation problematischer Jugendlicher in der Schule untersucht. Diese jungen Leute sind sehr zögerlich, sich bei der Lösung von Aufgaben zu engagieren, die das Risiko des Scheiterns beinhalten, da sie sich ohnehin schon als gescheitert empfinden. Sie nehmen lieber den Vorwurf, faul zu sein, in Kauf und nehmen eine nonchalante Haltung gegenüber der Erwachsenenwelt ein. Darüber hinaus sind sie nicht bereit, die Ausmaße ihrer schulischen Lücken zu überschauen, da ihnen das wieder das Gefühl des Scheiterns vermitteln würde. Das macht es für Lehrer schwer, diese Schüler zu unterstützen und ihnen zu helfen, denn sie können nicht jedem Schüler eine maßgeschneiderte Lernsituation verpassen, die sinnvoll erscheint und es dem Jugendlichen möglich macht, sich zu engagieren.

Außen vor bleiben

Die Clique

Die Angst, außen vor zu bleiben, nirgendwo dazuzugehören, ist ein empfindlicher Punkt bei Jugendlichen. Viele von ihnen verhalten sich deshalb so, wie es die Clique verlangt. Das schließt aber nicht aus, daß der Jugendliche sich selbst oder auch die Mitglieder der Gruppe haßt oder verachtet, vor allem wenn es um sexuelle oder kriminelle Handlungen geht oder wenn ein Schulkamerad gequält werden soll.

Die beste Freundin

Jugendliche brauchen nicht nur die Solidarität in einer Gruppe, sondern auch einzelne nahe Freunde. Sie haben Angst, ohne solche Kontakte dazustehen. Mädchen haben eine stärkere Neigung, sich eine beste Freundin zu suchen, und nehmen manchmal auch eine verläßliche Beziehung aus den Kindertagen mit in die Pubertät. Manche Freundschaften passen sich der neuen Lebenssituation an, aber meist leben sich die Mädchen auseinander, vor allem wenn ihre Pubertätsentwicklung unterschiedlich verläuft. Auch Jungen haben oft eine enge Beziehung zu einem Freund, wenngleich sie mehr als die Mädchen «Herdentiere» sind.

Die «beste Freundin» ist meist von gleichem Geschlecht. Es gibt auch Freundschaften über die Geschlechtergrenzen hinweg, obwohl viele Jungen – vor allem in der Vorpubertät – Angst haben, sich mit gleichaltrigen Mädchen abzugeben. In der Freundschaft mit einem Menschen des anderen Geschlechts kann der

Jugendliche viel lernen, und das unter ruhigeren Voraussetzungen, als das in einer Liebesbeziehung möglich ist. Eine solche Freundschaft ist vor allem für diejenigen wichtig, die keine Geschwister entgegengesetzten Geschlechts haben.

Der Lebensstil

Jugendliche haben manchmal ein großes Bedürfnis, einen bestimmten Lebensstil zu pflegen, und sie sind sehr traurig, wenn ihnen dafür nicht genügend Raum gegeben wird. Die Eltern sind meist erstaunt, wenn die Kinder außer sich sind, weil sie die Kleidung, die «in» ist, nicht bekommen oder weil es ihnen an besonderen Statussymbolen fehlt, die ihre Mitgliedschaft in der Gruppe von Gleichaltrigen beweisen. Die Gruppe baut notwendig auf Selbständigkeit und die Lösung der Verbindung zu den Eltern auf. Außerdem hilft die Gruppe dabei, Teile der Identität des Jugendlichen zu bekräftigen, die dem Halbwüchsigen das Gefühl vermitteln, «jemand» zu sein. Und schließlich ist es ein wichtiges Element der Gruppe, daß sie die Möglichkeit zur Solidarität bietet.

Solidarität stellt einen wichtigen Wert im Lebenssystem der Jugendlichen dar. Sie brauchen Solidarität ebenso wie die Möglichkeit, solidarisch zu sein und ihr Engagement in der Gemeinschaft zu zeigen. Das kann sie dazu bewegen, Geld an Notleidende in anderen Ländern zu spenden. Ebenso kann diese Solidarität sie jedoch auch zu zweifelhaften Taten verleiten, wenn sie zum Beispiel einen Lehrer oder eine andere Person, die zu ihrer Gruppe in Opposition steht, schikanieren. Die Solidarität hat also auch einen Gegenpol.

Wenn man sich der Eltern schämt

Jugendliche verhalten sich oft ihren Familien gegenüber solidarisch, aber manchmal schämen sie sich für ihre Eltern. Insgeheim fürchten sie, daß die Freunde ihre Eltern ablehnen könnten. Deshalb fällt es vielen Jugendlichen schwer, Freunde in die Familie einzuführen, was es wiederum den Eltern schwermacht, den Freunden und der Gruppe gegenüber die richtige Position zu beziehen. Es gibt viele Gründe, sich seiner Eltern zu schämen. Sie sind altmodisch, verstehen nichts, haben keine Ahnung, haben veraltete Werte und alberne Kleider. Wenn der Jugendliche die Eltern aus dem Kontakt zu Freunden völlig heraushalten will, dann versuchen die Eltern, auf eine indirekte Weise etwas über den Umgang ihres Kindes herauszubekommen. Das beschwört leicht Konflikte herauf, denn der Jugendliche wird sich in Frage gestellt und kontrolliert fühlen. Manchmal hat der Jugendliche ein Gefühl der klassenbedingten Unterlegenheit, er schämt sich, weil er aus einer unteren Gesellschaftsschicht kommt, und schämt sich deshalb der Eltern. Das ist für Eltern sehr schmerzhaft, denn sie werden verletzt sein und traurig über den «Verrat» des Jugendlichen.

Taugt der Körper?

Das Aussehen

Jugendliche machen sich viele Gedanken über ihren Körper und fragen sich, ob sie wohl körperlich attraktiv genug sind. Mädchen denken über ihre Formen nach, vor allem ihre Brust und ihr Gewicht. Sie müssen sich mit der beispiellosen Exponierung des weiblichen Körpers zurechtfinden, die zu unserer Kultur gehört. Ein übertrieben schlankes Schönheitsideal bringt viele Mädchen dazu, Abmagerungskuren zu unternehmen. Das kann im Zusammenhang mit bestimmten Persönlichkeitsfaktoren und einem Familiensystem, wo Konflikte um das Essen die familiären Beziehungen mitbestimmen, schwere Eßstörungen hervorrufen (zum Beispiel Anorexie oder Bulimie).

Auch Jungen denken über ihr Aussehen nach, aber nicht in demselben Ausmaß. Beide machen sich Sorgen über Hautveränderungen, wie zum Beispiel Pickel, die das Aussehen so direkt beeinträchtigen, daß sie ein überaus peinigendes Problem sind. Das kann Jugendliche dazu bringen, den Kontakt mit anderen zu meiden, und macht es ihnen daher schwer, sich im Umgang mit Gleichaltrigen zu erproben.

Es ist ganz natürlich, daß das Nachdenken über den Körper beginnt, wenn sich die ersten Spuren des Erwachsenwerdens zeigen. Jugendliche sind oft gespannt und voller ängstlicher Erwartungen, wie sie später einmal aussehen werden. Werden sie «irre groß» oder «irre klein» sein? Wie wird es für ein Mädchen enden, das schon in der frühen Pubertät einen Kopf größer ist als die gleichaltrigen Jungen? Auch die neuen Körperfunktionen verursachen jede Menge Kopfzerbrechen.

Menstruation

Die Menstruation bei Mädchen kommt zunächst unregelmäßig, dann eher voraussehbar. Ist das normal? Sollte es sich so anfühlen? Dazu kommen alle sozialen

Schwierigkeiten, mit denen das Mädchen jetzt lernen muß umzugehen. Sich nichts anmerken zu lassen, auch wenn es sich im Bauch seltsam anfühlt. Die Menstruation erinnert auch immer wieder daran, wie es ist, Frau zu sein, und welche beschwerlichen Seiten das hat. Eine schmerzhafte Menstruation und prämenstruelle Schwankungen der Psyche sind oft beunruhigend und provozierend, vor allem für Mädchen, die sich vor der Pubertät ein jungenhaftes Verhalten zugelegt hatten und ihrer Rolle als Frau gegenüber noch unsicher sind. Mädchen machen sich Sorgen darüber, ob sie Kinder bekommen können oder nicht. Diese Unruhe wird verstärkt, wenn sie schon einmal eine Geschlechtskrankheit durchgemacht haben. Heutzutage kommt noch die Angst vor einer AIDS-Infektion dazu.

Das Geschlechtsorgan des Jungen

Jungen machen sich Sorgen um ihr Geschlechtsorgan. Sieht es so aus, wie es aussehen sollte? Funktioniert es richtig? So sind Vorhautverengungen bei Jungen nicht ungewöhnlich. Sie sind bis zur Pubertät kaum ein Problem, können einen Jugendlichen aber sehr beunruhigen. Es wird auch gesagt, daß es «nicht auf die Größe ankommt», aber man kann ja nie wissen ... Jungen machen sich Sorgen, daß sie beim Kontakt mit Mädchen keine Erektion bekommen könnten. Auch sie müssen sich an den Bildern der männlichen Sexualität orientieren, die in Massenmedien und Pornographie zum Ausdruck kommen. Es fällt ihnen oft schwer, sich klar darüber zu werden, was ein normales sexuelles Verhalten in ihrem Alter ist. Das liegt unter anderem auch an den übertriebenen Schilderungen unter Gleichaltrigen über sexuelle Kontakte. Was muß man tun, um etwas zu taugen? Muß man ins Sportstudio und Gewichte heben? Muß man Anabolika essen, damit etwas draus wird?

Homosexualität

Im Zusammenhang mit den Überlegungen zu ihren verschiedenen sexuellen Organen und Funktionen denken Jugendliche oft über ihre sexuellen Neigungen nach. Vor allem Jungen haben oft gemeinsame Onaniekontakte mit Gleichaltrigen, und das weckt in ihnen Gedanken über Homosexualität. Hier muß man unterscheiden. Die meisten Jungen, die über das Thema nachgrübeln, sind heterosexuell. Mädchen oder die Phantasien von Mädchen erregen sie. Dennoch können sie eine gewisse Erregung im Umgang mit anderen Jungen feststellen, aber diese sind den heterosexuellen Neigungen klar untergeordnet. Die Angst vor Homosexualität ist meist neurotischen Charakters und kann manchmal zu einer quälenden Phobie werden. Die Angst drückt sich dann in einer aggressiven und absoluten Verachtung für Homosexuelle aus.

Manche Jungen und Mädchen sind eindeutig homosexuell oder lesbisch in ihren erotischen Neigungen. Das ist manchmal schon vor der Pubertät offenbar gewesen, klärt sich aber oft erst in dieser Zeit. Für einen Jugendlichen ist es mit viel Angst verbunden, sich nach und nach zu dieser Gewißheit vorzuarbeiten.

Homosexualität bedeutet, daß man eine Reihe von verschiedenen Problemen in den Griff bekommen muß, nicht zuletzt die Suche nach einem Partner. Der Jugendliche muß auch eine soziale Verhaltensweise gegenüber seiner sexuellen Identität finden. Wem will er es sagen? Viele machen sich Sorgen, was Eltern, Geschwister, Freunde und andere sagen und denken werden. Wird man abgewiesen, verachtet, verhöhnt, bemitleidet werden? Diese Angst ist manchmal durchaus begründet, oft aber nicht.

Jugendliche müssen lernen, mit diesem neuen Aspekt der Identität umzugehen. Was sagt der innere *Ankläger*? Ist es in Ordnung, homosexuell oder lesbisch zu sein? Wenn nicht, kann es das werden? Der *innere Wegweiser* wird vor eine Reihe delikater Probleme gestellt, wenn es gilt abzuwägen, wie die neue innere Situation im Verhältnis zur Außenwelt anzupacken ist.

Die allgemeinen Funktionen des Körpers

Jugendliche grübeln oft auch über die anderen Organe des Körpers und ihre Funktionen nach, die nichts mit Sexualität zu tun haben und die ihnen jetzt neu bewußt werden. Ihre geschärfte Aufmerksamkeit veranlaßt sie zu Überlegungen wie: «Muß sich das so anfühlen? War das schon immer so? Habe ich das früher einfach nicht bemerkt?» Vielleicht werden sie auf ihr Herz aufmerksam, liegen abends im Bett und horchen auf seinen Schlag. Wird es weiter schlagen? Könnte es plötzlich stehenbleiben? So entstehen manchmal Todesangst und Schmerz darüber, einmal nicht mehr am Leben zu sein. Der Jugendliche konzentriert sich möglicherweise nur noch auf seine Atmung und hat das Gefühl, diese durch seine Willenskraft in Gang halten zu müssen, und wagt nicht zu schlafen.

Diese Unruhe über die verschiedenen Körperfunktionen ist für Jugendliche sehr peinigend, führt sie doch immer zu den existentiellen Fragen, ob sie weiterleben werden, ob sie jung sterben werden und wer sie vermissen würde. In finsteren Stunden werden sie sich darüber sorgen, daß niemand sie vermissen könnte.

Launen

Wie schon erwähnt, bringt es die fortschreitende Loslösung von den Eltern der Kindheit mit sich, daß der Jugendliche eine Trauerarbeit zu leisten hat. Das führt zu gedrückter Stimmung und einem Gefühl der Leere, Sinnlosigkeit und Traurigkeit, die oft keinen Zusammenhang mit alltäglichen Geschehnissen zu haben scheinen. Der Jugendliche fängt diese Stimmungen und Gefühle auf, hat aber gewöhnlich keinen rechten Kontakt mehr zu Erinnerungen oder den inneren Bildern der Kindheit und den Eltern der Kindheit. Derartige Launen und Schwankungen der Gefühle sind für den Jugendlichen sehr beunruhigend, eben weil sie so wenig erklärbar sind. Er fühlt sich hilflos, weil er so wenig Kontrolle über sein Gefühlsleben zu haben scheint.

Zusammenfassend kann man sagen, daß die Unruhe der Jugendlichen darum kreist, ob man in den Augen der anderen in psychischer oder körperlicher Hinsicht taugt. Außerdem geht es darum, einen Partner zu finden, jemand zu sein und einen Platz in der Gesellschaft zu erhalten. Jugendliche sind auf der Suche nach einer Zukunft, in die sie ihre Vorstellungen und Phantasien von sich selbst zusammen mit jemand anderem verlegen können.

KAPITEL 7

Krisen und Probleme in der Pubertät

In den vorangegangenen Kapiteln habe ich die Probleme behandelt, die Jugendliche in bestimmten Lebensabschnitten haben können. Im folgenden werde ich nun kurz einige ernstere Symptome und die Identitätskrise bei Jugendlichen beschreiben. Das wird nicht so sehr aus der Perspektive der Jugendlichen, sondern aus der eines Außenstehenden geschehen.

Was die ernsteren Störungen von den üblichen Pubertätsproblemen unterscheidet, ist nicht etwa, daß der betroffene Jugendliche von ganz anderen Fragen oder einer anderen Unruhe heimgesucht würde als seine Altersgenossen. Es ist vielmehr so, daß gefährdete Jugendliche von ihren Problemen stärker dominiert werden und es ihnen schwerfällt, diese zu bewältigen, weshalb sie mehr oder weniger deutliche psychische Symptome zeigen. Entweder beschäftigen sie sich so stark mit ihren Problemen, daß ihr übriges Leben darunter leidet, oder sie wenden so viel Kraft darauf, nicht über das nachdenken zu müssen, was ihnen wirklich Sorgen bereitet, daß sie aus diesem Grund leiden.

Problematische Jugendliche haben also dieselben inneren Probleme, Bedürfnisse, Gefühle und Erlebnisse wie ihre Altersgenossen. Es fällt ihnen aber schwerer, sie zu bewältigen, und es fehlt ihnen vielleicht auch an Unterstützung von der Außenwelt, zum Beispiel von der Familie. Es ist wichtig zu sehen, in welches «Netzwerk» der Heranwachsende in der jeweiligen Lebenssituation eingebunden ist. Diese «Netzwerk»-Gefährdungen in der aktuellen Situation, die frühere psychische Entwicklung und der Grad der Verletzlichkeit sind entscheidend dafür, ob die Herausforderungen der pubertären Entwicklung und die üblichen psychologischen Probleme zu psychischen Störungen werden oder nicht.

Die frühere Entwicklung sollte dazu geführt haben, daß der Jugendliche unter anderem über einen stabilen *inneren Wegweiser* verfügt. Wenn der Jugendliche ein Problem zu lösen hat, dann wird der *innere Wegweiser* einen Vorschlag für eine geeignete Verhaltensweise bereithalten. Der Halbwüchsige wird den Druck seiner Bedürfnisse und Wünsche gegen die Urteile von *Ankläger* und *Lobendem* abwägen und das alles in eine Relation zu den Möglichkeiten und Notwendigkeiten der Umwelt stellen.

Voraussetzungen

Lassen Sie uns noch einmal, wenn auch etwas vereinfacht, die Voraussetzungen beschreiben, unter denen der Jugendliche handelt. Er soll sich aus seiner inneren Abhängigkeit von Vater und Mutter lösen und neue, selbständigere Verhaltensmuster gegenüber den Eltern in der äußeren Welt entdecken, um sich auf lange Sicht einen neuen Lebenspartner suchen zu können. Diesen neuen Partner zu finden, Gefühle der Sehnsucht und Liebe für ihn zu empfinden, ist einerseits ein Ziel der Entwicklung, andererseits ein Mittel, um sich endgültig von den Eltern zu lösen. Die Abhängigkeit von den Eltern soll verringert werden, und zwar nicht nur von den Eltern als Ziel der Sehnsucht und der Rivalität, sondern auch von den Eltern als Rettungsanker bei der Beurteilung von Handlungen, Impulsen, Phantasien (in der Form des *Anklägers*) und als innere Garanten des Selbstgefühls (in Form des *Lobenden*). Der Weg zur Ablösung geht über Idole, Freunde und Cliquen, die die neuen Werte und Regeln bestimmen. Außerdem soll der Halbwüchsige seine Identität finden, die sich in der Wahl der Ausbildung, des zukünftigen Berufs, in Freizeitinteressen, einer festeren Freundes- und Partnerwahl und vielem mehr widerspiegelt.

An welchen Punkten kann nun etwas falsch laufen? Die ganze Entwicklung ist ein langer Prozeß, der sich über eine Reihe von Jahren, vielleicht fünf oder mehr, hinzieht. Die verschiedenen Stufen dieses Prozesses müssen sich auf eine passende Weise ineinanderfügen. Wenn jedoch das Verhältnis zwischen inneren Voraussetzungen und äußeren Forderungen und Möglichkeiten zu ungleichgewichtig wird, dann sind Spannungen und Konflikte nicht mehr auszuhalten, und Angst und andere Symptome sind die Folge.

Streßreaktionen

Man kann sich die Reaktionen der Jugendlichen auf innere und äußere Situationen verständlich machen, wenn man sie unter dem Blickwinkel des Streß beobachtet. Der Streß hat zwei Seiten. Zum einen bedeutet er eine innere Aktivierung der Energie, die man benötigt, um die Probleme und Aufgaben des Alltags zu bewältigen. Zum anderen kann Streß ein Signal für eine Überbelastung sein, ein Zeichen dafür, daß Aufgaben und Probleme momentan die Möglichkeiten der Bewältigung übersteigen. Das ist ein zentrales Erlebnis. Der Streß ist nicht an die Menge oder den Schwierigkeitsgrad von Problemen, die vor uns liegen, gebunden, sondern an das Erleben dieser Situationen. Der amerikanische Kinderpsychologe David Elkind hat lange Zeit die Entwicklung von Jugendlichen beobachtet und sie unter anderem in dem Buch «Total verwirrt. Teenager in der Krise» beschrieben. Elkind geht davon aus, daß Jugendliche vier verschiedenen Arten von Streß ausgesetzt sind, die sie unterschiedlich fordern und daher auch eine unterschiedliche Verhaltensweise verlangen.

Vorhersagbarer Streß, den man vermeiden kann. Dieser Typ von Streß weckt Angst und Unruhe. Er entsteht, wenn man unsicher ist, wie man eine besondere Situation handhaben soll, zum Beispiel Nebensächlichkeiten innerhalb der Clique oder Situationen, die man sehr leicht vermeiden kann, indem man sich im Hintergrund hält. Soll man mitmachen oder nicht? Was werden die Konsequenzen sein? Hier ist es oft hilfreich, mit einem Außenstehenden die Situation durchzuspielen und eine Strategie zu entwickeln, die auch bei ähnlichen Gelegenheiten anwendbar ist.

Vorhersagbarer Streß, der sich nicht vermeiden läßt. Dieser Streß entsteht bei Forderungen oder Aufgaben unterschiedlicher Art, die man voraussehen kann, die aber Mühe erfordern. Dazu gehören Examina oder Prüfungen in der Schule, die der Jugendliche auf sich zukommen sieht, die er jedoch nicht meistern zu können glaubt. Da diese Situationen unvermeidbar sind, sind eine gute Vorbereitung und solide Arbeitsgewohnheiten einfach die beste Lösung. Dieses Rezept ist für Jugendliche jedoch nicht so leicht zu befolgen.

Unvorhersehbarer und unvermeidbarer Streß. Manche Streßfaktoren können nicht vorhergesehen und auch nicht vermieden werden. Sie sind ein Teil der Unberechenbarkeit des Lebens. Das betrifft traumatische Erlebnisse, Scheidungen, den Verlust nahestehender Menschen, Krankheiten. Hier hilft nichts, als zunächst vielleicht zu protestieren und dann zu versuchen, seine Hilflosigkeit mit der Unterstützung anderer zu durchleben und sich schließlich so gut es geht mit der Situation zu versöhnen.

Unvorhersehbarer Streß, den man vermeiden kann. Diese Formulierung klingt wie ein Paradoxon. Elkind geht es hier um die existentielle, geistige und religiöse Verankerung der Jugendlichen. Er meint, daß die Heranwachsenden eine vollständig integrierte Identität nicht ohne eine Vorstellung von den Formen und Gegebenheiten des Lebens, die über das eigene Ich, die Familie, das Netzwerk und die Kultur hinausgehen, erlangen können. Sie müssen irgendeine Form des geistigen Aspekts in ihr Leben integrieren. Die Unvorhersagbarkeit des Daseins wird darin nicht als Nachteil, sondern als eine Voraussetzung angesehen, und Schwierigkeiten können als Wegweiser zu einer übergreifenden, wenn auch noch nicht offenbarten Sinnhaftigkeit des Lebens betrachtet werden.

Die Entwicklung psychischer Probleme

Der problematische Jugendliche hat bereits eine Reihe von Strategien und Verhaltensweisen entwickelt, die es ihm ermöglichen zu überleben. Wo entstehen dann die Schwierigkeiten? Wenn die neu erwachenden Gefühle der Sehnsucht und der Rivalität zu stark sind, um sie von den Eltern auf Gleichaltrige zu übertragen, dann ist das problematisch. Um diese Übertragung zu leisten, muß der Jugendliche genügend Selbstvertrauen und soziale Kompetenz entwickeln, um attraktive Gleichaltrige kennenzulernen und die daraus entstehenden Gefühle auszuhalten.

Wenn die Abhängigkeit von den Eltern allzu groß und die Zeit noch nicht reif ist, dann werden Erinnerungen an die Eltern in den Beziehungen der Jugendlichen zu Gleichaltrigen auftauchen. Das Bild eines Jungen von einem Mädchen, in das er verliebt ist, kann, wenn er sich ihr nähert und sie umarmt, zu seinem Entsetzen Züge des Bildes seiner Mutter tragen. Natürlich wird er nicht seine Mutter vor sich sehen, wenn er das Mädchen umarmt. Vielmehr wird er von derselben merkwürdigen schuldbeladenen Erregung ergriffen werden, die er fühlen würde, wenn er wirklich seine Mutter umarmte.

Der Junge fühlt die schonungslose Rache des Vaters, des *Rivalen.* Auch vom Vater erscheint ihm in dieser Situation kein deutliches Bild, sondern er fühlt lediglich die innere Spannung, das Unbehagen, die Sorge, zu Schaden zu kommen. Die Angst wird größer, der innere *Ankläger* droht. Es bleibt nur, das Feld zu räumen und sich aus der Beziehung zu stehlen.

Welche Möglichkeiten hat der Jugendliche noch? Das Erleben von Einsamkeit und Schmerz wird ihn wieder trostsuchend zu den Eltern treiben. Die Mutter wird wieder zur *Ersehnten,* und das ersehnte und gleichzeitig verhaßte Bedürfnis, von den Eltern versorgt zu werden, ist wieder da. Was bleibt? Eine Möglichkeit ist es, sich von den Eltern zurückzuziehen, um die innere Anspannung zu lindern und die Stimme des *Anklägers* zum Schweigen zu bringen, der den Inzest verurteilt und den nichtsnutzigen Feigling, der nicht einmal auf eigenen Beinen stehen kann, verhöhnt. Was kann der Jugendliche in dieser Situation tun, um nicht von Gefühlen überwältigt zu werden, die nicht auszuhalten sind? Hier gibt es keine einfachen Lösungen. Das Problem ist schwer, und die Situation kann leicht aussichtslos erscheinen. Jede Strategie bringt gewisse Erleichterungen, birgt aber auch wieder neue Probleme in sich. Diese neuen Probleme spiegeln sich in psychischen Symptomen, in einer eingeschränkten psychischen Energie und Flexibilität wider.

Die Entwicklung «sozialer» Symptome

Wie kann sich der Jugendliche seinen Eltern entziehen? Die einfachste Lösung ist es, sie in eben die hoffnungslosen und wertlosen Individuen zu verwandeln, auf die man gut verzichten kann. Man kann sie auch in sich töten. Aber wie würde man dann mit der inneren Einsamkeit fertig werden? Diese innerliche Lage ist prekär. Den *Ankläger* und den *Lobenden* wird es auf lange Sicht ohnehin nicht mehr geben, aber so lange benötigen beide noch die Energie sowohl von den Eltern der Kindheit als auch von den gegenwärtigen Eltern. Ohne diese Energie werden sie nicht mehr handeln können, und der Jugendliche verliert die innere Steuerung. Hier kann die Clique zur Rettung werden, denn die dort herrschenden Regeln setzen Grenzen. Ist die Clique aber völlig ohne Grenz- oder Wertsystem, dann entsteht im Jugendlichen eine gänzlich ungeordnete Situation. Dies läßt beim Jugendlichen kindliche Bedürfnisse und Gelüste entstehen, die bei einem Fünf- oder Sechsjährigen zwar problematisch, aber doch vergleichsweise unschuldig wirkten: «Räuber spielen», «Hauen», «Doktor spielen». Haben aber die inneren Instanzen keine Wertordnung mehr, dann können diese Bedürfnisse den Jugendlichen in große Konflikte mit seiner Umgebung bringen. Schlägereien, Diebstahl, Alkohol- und Drogenmißbrauch, Promiskuität können die Folge sein.

Der *innere Wegweiser,* der diese Bedürfnisse mit den Urteilen von *Ankläger* und *Lobendem* und mit den Forderungen und Möglichkeiten der Außenwelt in Einklang bringen soll, ist in derselben hoffnungslosen Situation wie ein einsamer Verkehrspolizist in einer belagerten Stadt, aus der alle Einwohner in Panik fliehen. Auf allen Ausfallstraßen ist Stau. Moral existiert nicht mehr, Plünderer suchen die Stadt heim, rette sich wer kann!

Jetzt ist die Lage wirklich ernst. Der Jugendliche erweckt nun den Eindruck, eine destruktive Person mit vielen üblen Ansichten zu sein. Vor allem möchte er sich um jeden Preis vor nicht auszuhaltenden Gefühlen schützen und ist sich dabei nicht immer über seine destruktive Verhaltensweise im klaren, ehe sie nicht Konsequenzen mit sich bringt. Gewöhnlich wünschen die Jugendlichen nicht, anderen Leid zuzufügen. Ist es aber einmal dazu gekommen, dann tun sie so, als wären ihnen die Konsequenzen gleichgültig. In Wahrheit ist jedoch dieses Verhalten nicht sehr tief verankert.

Das Risiko einer Psychose

Betrachten wir einmal den seltenen Fall, daß es zu einer Psychose kommt. Der Jugendliche hat niemanden gefunden, dem er seine starken Gefühle entgegenbringen konnte. Weder die Eltern noch ein gleichaltriger Partner oder Freund können als Empfänger dieser Gefühle dienen – nicht in der äußeren und schon gar nicht in der inneren Welt. Also bleibt nichts anderes übrig, als die Gefühle gegen sich selbst zu richten. Der Jugendliche beginnt, sich selbst sehr wichtig zu nehmen, da in seiner Umgebung niemand ist, dem er sich mitteilen könnte.

Die Umwelt tritt in den Hintergrund, der Jugendliche erleidet einen Realitätsverlust. Er bildet eine schwerwiegende Selbstüberschätzung aus und hat Schwierigkeiten, zwischen der äußeren und der inneren Phantasiewelt zu unterscheiden. Der sehr unerfahrene *innere Wegweiser* ist machtlos, außerdem fehlt es ihm an Energie. Er gleicht dem Verkehrspolizisten, der im Dunkeln steht und zudem keine Ahnung hat, wo in der Stadt er postiert ist und ob er wach ist oder träumt. Die Dunkelheit hat alle Konturen verschwinden lassen. Die Menschen würden die Stadt gern verlassen, aber niemand findet hinaus, und der Polizist kann keine Auskunft geben.

Dies ist eine aus psychologischer Sicht sehr problematische Situation für einen Jugendlichen, denn die Außenwelt und die innere Welt unterliegen völlig unterschiedlichen Werten und Regeln. Der Jugendliche kann Wahnvorstellungen, Verfolgungsideen und andere Zeichen einer ernsten psychischen Störung entwickeln, die ein Ausdruck dafür sind, daß die Grenzen zwischen Wirklichkeit und Phantasie verwischt sind.

Depression und Selbstmordversuch

Andere Krisensituationen sind ebenso ernst und dramatisch. Wenn das Bild von den Eltern überladen ist und diese innen und außen kurz gehalten werden müssen, wenn es keine Hoffnung mehr auf ein Verliebtsein gibt und die Clique auch nicht hält, dann wird der Jugendliche sich selbst und sein Dasein sehr in Frage stellen. Der *Ankläger* wirft ihm absolute Wertlosigkeit vor. Der Jugendliche fühlt sich sehr schlecht gestimmt und deprimiert, vielleicht völlig leer. Der *Lobende* hat nichts entgegenzusetzen, auch der innere *Tröster* kann keine Hoffnung vermitteln. Der *innere Wegweiser* ist vielleicht kompetent, es fehlt ihm aber an Energie. Die Stadt, in der der Verkehrspolizist steht, ist völlig ausgestorben, die nächste Stadt ist unendlich weit entfernt. Es sind kaum mehr Einwohner auf den Straßen, kein Leben, keine Bewegung. Alle scheinen im Haus zu sitzen, es ist wie die Ruhe vor dem Sturm.

Der Jugendliche empfindet den eigenen Körper als Ursache für alle diese quälenden Gefühle der Unruhe, Leere und Wertlosigkeit. Darüber hinaus hat der Körper etwas mit der Abhängigkeit von der Mutter zu tun, nach der man sich sehnt, die man aber haßt. Warum haßt man die Mutter? Das hat viele Ursachen. Eine davon ist, daß auf dem niedrigsten kindlichen Denkniveau die Eltern an allem schuld sind. Wenn sie sich richtig verhalten hätten, dann würde man als ihr Kind nicht in Dinge hineingezogen werden, die weh tun.

Was tun? Der Jugendliche kann auf die Idee kommen, sich des quälenden Körpers, der Ursache allen Übels, zu entledigen. Seine Phantasie gaukelt ihm vor, daß es der Mutter weh tun wird, wenn man seinen eigenen Körper straft, und das hat sie verdient. In dieser Situation unternehmen manche Jugendliche einen Selbstmordversuch. Es ist ihnen hierbei nicht immer wirklich klar, daß sie, sollte der Versuch glücken, das nie wieder rückgängig machen können. Sie denken, daß das Leben viel einfacher würde, wenn sie erst den quälenden Körper los wären. Dann könnten sie noch einmal von vorn beginnen oder das Leben ohne die unerträgliche Last des Körpers fortsetzen. Eine solche Lösung funktioniert in der Logik der inneren Welt, wirkt aber natürlich katastrophal, wenn sie auf die äußere Welt angewandt wird.

Ein Selbstmordversuch ist nicht immer ein Zeichen für einen totalen, langfristigen inneren Kollaps. Er kann auch Ausdruck eines plötzlichen, gegenwärtigen Impulses sein, muß aber immer als ein sehr ernster, wenn auch vorübergehender Zusammenbruch sowohl der inneren als auch der äußeren Welt angesehen werden. Er ist immer ein Spiegel innerer Schwierigkeiten, wie auch fehlender Unterstützung im Freundeskreis, in der Familie oder im sozialen Netzwerk.

Neurotische Probleme

Einige Jugendliche haben Schwierigkeiten, die sehr quälend sein können, aber als nicht so ernst wie ein Selbstmordversuch zu betrachten sind. Sie entwickeln Phobien, Zwangsneurosen, psychosomatische Beschwerden, Angstreaktionen und andere Probleme. Ihre äußere Situation zeigt sich meist intakt, und die Beziehung zu den äußeren Eltern ist nicht völlig zerstört. Den alltäglichen Anforderungen in der Schule oder bei der Arbeit können die Betroffenen äußerlich gesehen gut, wenn auch mit Einschränkungen und großer Mühe, gerecht werden.

Es gibt Kontakte zu Freunden, aber das erhoffte Verliebtsein ist bisher ausgeblieben, was den Jugendlichen unter Druck setzt. Das Gleichgewicht zwischen der inneren und der äußeren Welt, zwischen dem inneren Erleben und der äußeren Wirklichkeit ist deutlich gestört, jedoch noch nicht ganz aus dem Ruder gelaufen. Hier ist es wichtig, sich daran zu erinnern, daß eine äußere Situation in mancher Hinsicht katastrophal werden oder in sich unzureichend sein kann, wie zum Beispiel in einer langanhaltenden psychologischen oder sozialen Familienkrise. Vielleicht hat sogar das Verhalten des Jugendlichen selbst zu dieser Krise beigetragen, und vielleicht wirkt für einen Außenstehenden das Problem gar nicht so groß, aber dem Jugendlichen erscheint es unüberwindbar mit den hoffnungslosen Eltern, den langweiligen Freunden, den verständnislosen Lehrern und so weiter.

Zeigt ein Jugendlicher neurotische Beschwerden, dann hat auf der inneren Bühne der *Ankläger* die Oberhand über den *Lobenden* gewonnen, und das Selbstwertgefühl ist dadurch gering. Der *Ankläger* ist der Ansicht, daß Mutter oder Vater nach wie vor zu viel Bedeutung als mögliche Liebhaber haben. Vater oder Mutter, der jeweilige Rivale, wird mit einer Wut ausgestattet, die die Gefahr einer Rache groß macht. Außerdem geht die Lösung aus der Abhängigkeit von den Eltern nur sehr langsam vor sich. Die Folge ist, daß ein Gefühl des Eingeschlossenseins, der Hoffnungslosigkeit und der schlechten Stimmung das Leben freudlos macht. Der *innere Wegweiser* aber funktioniert einigermaßen, was man an den äußeren Beziehungen und dem geregelten Alltag des Jugendlichen sehen kann.

Für die innere Arbeitssituation heißt das: Unser Verkehrspolizist steht in einer Stadt, in der der Verkehr gut fließt, es aber doch gewisse Engstellen gibt. An einigen Straßen hat man alte Gebäude abgerissen, ist aber mit dem Bau von neuen noch nicht weit genug gekommen. Die Atmosphäre in der Stadt ist nicht besonders gut, im Kulturviertel scheint der Verkehr zum Erliegen gekommen zu sein, und es fehlt ein kreatives Freizeitangebot.

Der Schweregrad der Probleme hängt einerseits davon ab, wie gut und haltbar das Netzwerk ist, also die

Verwandtschafts- und Familienbeziehungen, die Kontakte zu Freunden und die Beziehungen in der Schule oder am Arbeitsplatz. Andererseits ist wichtig, wie weit der Jugendliche schon in seiner psychischen Entwicklung fortgeschritten war, bevor die Anforderungen der Pubertät ernsthaft einsetzten.

Es ist folglich wichtig, daß der *innere Wegweiser* anleiten kann, wenn es darauf ankommt, auf die richtigen Knöpfe zu drücken. Hier ist das Selbstwertgefühl von besonderer Bedeutung. Der *innere Wegweiser* ist darauf angewiesen, mit dem *Lobenden* zusammenarbeiten zu können, um zu beurteilen, welche der angebotenen Initiativen ergriffen werden soll. Die frühe Ausbildung von *Wegweiser* und *Lobendem* wiederum ist abhängig von gut funktionierenden Netzwerkbeziehungen. Und das Netzwerk schließlich spiegelt wider, wie reibungslos das Zusammenspiel zwischen Bedürfnissen und Reaktionen sowohl bei den Eltern als auch bei den Kindern war.

Reflexionen

Bei schweren Problemen, wenn der junge Mensch sich rücksichtslos gegen die Werte und Normen der Gesellschaft auflehnt oder sogar Anzeichen einer Psychose zeigt, konnte sich der *innere Wegweiser* nicht ausreichend entwickeln und weist Schwächen auf. Er kann das Geschehen auf der inneren Bühne nicht überblicken und ist nicht imstande, dem Jugendlichen zu helfen, die Umwelt zu verstehen und sein eigenes Verhalten dem anzupassen.

Sind die Probleme eher neurotischer Art, dann ist der Überblick über das innere Geschehen noch gewahrt. Der

Wegweiser ist gut ausgestattet, aber denkbare Wege scheinen blockiert zu sein. Die Probleme entstehen mehr aus tiefem Unglücksgefühl und teilweisem Ausgeschlossensein als aus inneren Defiziten, Angst und Chaos.

Manchmal wurden die Eltern bei der Anpassung an ihre Kinder vor eine besonders schwere Aufgabe gestellt. Die Ursache können die Bedürfnisse und Reaktionen des Kindes aufgrund von Behinderungen oder neurologischen Unregelmäßigkeiten, also Erbanlagen, sein. Dies kann ebenso wie eine Familiensituation mit einem aus der Sicht des Kindes unzureichenden Familienmilieu die Defizite erzeugt haben, die sich nun im Unvermögen des *inneren Wegweisers* widerspiegeln.

Der englische Jugendpsychoanalytiker Moses Laufer hat Jugendliche mit schweren psychischen Problemen beobachtet und behandelt. Er weist darauf hin, wie schwer es ist, zwischen den ersten Symptomen einer ernsten psychischen Erkrankung und den Anzeichen eines an und für sich ernsthaften, aber doch vorübergehenden psychischen Zusammenbruchs im Jugendlichenalter zu unterscheiden. Laufer meint, daß es oft schwer, um nicht zu sagen unmöglich sei, sicher vorauszusagen, wie ernsthaft und langfristig angelegt die Probleme eines Jugendlichen sein werden. Das liegt daran, daß die Probleme ja nur einen Teil eines längeren Entwicklungsprozesses darstellen, der durch eine Reihe der oben genannten Faktoren zu einer Lösung geführt wird. Symptome, Reaktionen und Verhaltensweisen, die bei einem Erwachsenen durchaus besorgniserregend wären, müssen bei einem Jugendlichen nicht dieselbe schwerwiegende Bedeutung haben. Gleichzeitig darf man aber die Schwierigkeiten eines Jugendlichen nicht in dem Glauben, sie würden sich schon mit der Zeit von selbst lösen, herunterspielen. Der Erwachsene muß aufmerksam, aber nicht zu ängstlich die Entwicklung des Heranwachsenden verfolgen und auf eine unaufdringliche Weise immer bereit sein, zu Hilfe zu kommen. Laufer zeigt aber auch, wie ungewöhnlich schwer und belastend die Situation für Eltern ist, die einen Jugendlichen mit einer ernsthaften psychischen Störung haben.

Die Identitätskrise

Bevor wir die Rolle der Familie bei den Problemen der Jugendlichen näher betrachten, möchte ich eine typische pubertäre Reaktion beschreiben, die es oft schwermacht zu unterscheiden, was ernst ist und was mit Gelassenheit betrachtet werden kann.

Der Jugendliche muß sich eine äußere und innere Selbständigkeit erarbeiten und eine stabile Identität entwickeln. Das geht oftmals mit mehr oder weniger quälenden Krisensituationen einher. Nach Erik Homburger Erikson wird die Identitätskrise in der Pubertät durch verschiedene innere und äußere Anforderungen ausgelöst. Schließlich müssen die neuen inneren Erlebnisse, so zum Beispiel Gefühle und Phantasien, die in intimen Beziehungen entstehen, verarbeitet werden. Der Jugendliche muß lernen, mit Konkurrenz und anderen Schwierigkeiten fertig zu werden, um sich schließlich der Gesellschaft als Ganzem anzupassen.

Erikson schildert in «Jugend und Krise», wie unterschiedlich sich das äußern kann. Der Jugendliche ist oft unentschlossen, es fällt ihm schwer, Entscheidungen zu treffen und die Initiative zu ergreifen oder sich etwas vorzunehmen. Erikson spricht von einer «Aktivitätserlahmung». Ein großer Teil der Identitätskrise spielt sich völlig im Innern des Jugendlichen ab. Er hat Angst, sich nicht zusammenhalten zu können, aufgelöst oder «fragmentiert» zu werden, was man oft von außen nicht bemerkt.

Die Angst, vernichtet zu werden, wenn man nicht sofort handelt, ist durch die Auflösung der Zeitperspektive bedingt. Jugendliche haben oft das Gefühl, alles sei furchtbar eilig, und wenn gewisse Dinge nicht in der nächsten Sekunde passierten, würden sie es nicht aushalten. Auf der anderen Seite haben sie das Gefühl, die Zeit entgleite ihnen. Sie wollen sie anhalten, nichts darf passieren. Die einzige Methode, wie sie Kontrolle über das Geschehen, auch über die Angst vor der Vernichtung, gewinnen können, ist, den Gang der Zeit durch völlige Passivität und Verschlossenheit aufzuhalten.

Der Jugendliche empfindet ein schmerzhaftes Gefühl der Isolierung, hat den Eindruck, in eine Glaskugel eingeschlossen zu sein und nicht herauszufinden, er ist total einsam. Manchmal dominiert auch ein Gefühl der Leere und Unwirklichkeit. Identitätskrisen treten in jeder Intensität und Ausweitung auf und können im schlimmsten Fall zu einer Psychose führen. Weniger schwere Identitätskrisen kann man zur normalen Entwicklung in der Pubertät rechnen, manchmal lösen sie sich jedoch erst beim jungen Erwachsenen auf, wenn er schließlich seine Form und seinen Platz in der Gesellschaft gefunden hat.

Die Ursache für die Krise ist, daß der Jugendliche keinen gangbaren Weg in die Zukunft findet, aber auch nicht zurück kann. Dann versucht er verzweifelt, Zeit zu gewinnen, um einen Weg suchen zu können. Erikson spricht davon, wie wichtig es ist, daß manchen Jugendlichen von der Gesellschaft Zeit «gestundet» wird, das heißt, daß sie die Möglichkeit bekommen, in Ruhe zu sich selbst zu finden.

Wie sieht es nun in der Identitätskrise mit den inneren Instanzen aus? Der innere *Ankläger* scheint bei näherem Hinsehen aus vielen Teilen zu bestehen, die nicht richtig zusammenpassen. Auch der *Lobende* ist mit sich uneins, es ist keine rechte Logik darin, was gelobt wird und was nicht. Der *innere Wegweiser* befindet sich in einer außergewöhnlich schwierigen Situation. Als Verkehrspolizist muß er sich in einer Stadt zurechtfinden, in der jeder Stadtteil ein eigenes Leben zu führen scheint. Die Verbindung zwischen den Teilen ist sehr undeutlich, so wurde von einem Stadtteil eine Brücke gebaut, aber sie endet in der Luft und hat keinen Anschluß. Die Verbindung zwischen den Stadtteilen geschieht meist über Tunnel, die ganz willkürlich manchmal geöffnet und manchmal verschlossen sind. Alles ist unvorhersehbar.

Bis hierher haben wir das innere Leben und die äußeren Beziehungen des Jugendlichen betrachtet. Der Anteil der Eltern ist auch behandelt worden, jedoch mehr in ihrer Eigenschaft als Individuen, nicht so sehr in ihrer Rolle als Teile eines Familiensystems. Nun wollen wir uns der Rolle der Familie bei den Problemen des Heranwachsenden zuwenden.

Die Familie und die Probleme der Pubertät

Die Familie ist aus zwei Gesichtspunkten heraus von großer Bedeutung dafür, wie der Jugendliche seine Entwicklungsaufgaben erfüllen kann. Zum einen ist wichtig, ob die Familie und der Jugendliche während der Zeit der Pubertät gut miteinander auskommen. Zum anderen ist wichtig, ob das Verhältnis zwischen beiden auch schon vor der Pubertät gut war. Es prägt entscheidend die Voraussetzungen, mit denen ein Kind in die Pubertät geht, ob seine wechselnden Bedürfnisse im Rahmen der Organisation und des Wertesystems der Familie erfüllt werden konnten.

Natürlich wirkt sich das Verhältnis des Jugendlichen zu seinen Eltern und seinen Geschwistern darauf aus, wie er sich fühlt. Gibt es die dem Alter angemessene Unterstützung, Freiheit und Verantwortung? Manchmal sind Eltern überbeschützend und üben eine zu starke Kontrolle aus. Dann wieder kümmern sie sich zu wenig um den Jugendlichen und seine Lage, weil sie zu sehr mit ihrem eigenen Leben oder miteinander beschäftigt sind.

Der Jugendliche ist von seinen Eltern abhängig, aber diese auch von ihm. Das ist in gewissem Maß völlig normal und trägt dazu bei, die Beziehungen aufrechtzuerhalten. Manchmal aber ist die Abhängigkeit der Eltern eher von problematischer Natur und kann so die Entwicklung des Jugendlichen behindern. Ich werde später noch darauf eingehen.

Probleme gibt es in jeder Familie. Es hängt von dem jeweiligen Familienstil ab, ob sie auch zum Gegenstand einer mehr oder weniger offenen Diskussion werden. Die Familie als Ganzes muß sich immer wieder anpassen, wenn ihre Mitglieder wachsen, und es kann vorkommen, daß das eine oder andere Familienmitglied in Zeiten der Veränderung zu kurz kommt. Ist eines der Kinder in einer schwierigen Lage, dann ist es natürlich so, daß seine Geschwister so lange benachteiligt werden, bis die Eltern das merken und versuchen, die Probleme auf andere Weise zu lösen.

Heutzutage können Familien so unterschiedlich aussehen, daß es wenig sinnvoll ist, die sogenannte Kernfamilie als «normal» und andere Varianten als «problematisch» anzusehen. Familien mit alleinerziehenden Elternteilen, Pflegefamilien, Adoptivfamilien und Stieffamilien bergen für Kinder wie für Erwachsene verschiedene Voraussetzungen. Sie alle verlangen Lösungen für ihre besondere Situation des Zusammenlebens, die aus der Sicht der Kernfamilie unkonventionell und unzureichend erscheinen mögen. Schenkt man ihnen jedoch den Respekt und die Unterstützung ihrer Umwelt, dann werden sie gute und nachdenkenswerte Lösungen für ihre Probleme finden.

Die problematische Familie

Es ist offensichtlich, daß es Jugendliche in wirklich problematischen Familien, in denen Gewalt, Mißbrauch und Inzest vorkommen, schwer haben, ihre Entwicklungsaufgaben zu erfüllen. Ihr Alltag ist von Unsicherheit geprägt, und die Eltern sind unzuverlässige Vorbilder für das Erwachsenwerden. Haben die Eltern eine schlechte Beziehung zueinander oder lebt ein Alleinerziehender unter offenkundig nicht zufriedenstellenden Umständen, dann erhält die Phantasie des Jugendlichen von dem Elternteil als dem *Ersehnten* viel zuviel Nahrung durch belastende Untertöne in der Wirklichkeit. Es ist unmöglich für den Jugendlichen, sich in einer Atmosphäre der ausgesprochenen oder unausgesprochenen Verführung unabhängig zu machen. In diesem Fall ist er sehr stark von Beziehungen außerhalb der Familie abhängig, vor allem braucht er den Kontakt zu einem verständnisvollen Erwachsenen, um in seiner Entwicklung weiterzukommen.

Viele Jugendliche machen sich große Sorgen, wie ihre Eltern damit fertig werden, wenn sie von zu Hause ausziehen. Diese Unruhe ist manchmal nur eine Verschiebung der Sorge des Jugendlichen um sein eigenes Wohl auf die Eltern. «Nicht ich bin es, dem es schwerfällt, von zu Hause auszuziehen, nein, sie kommen ohne mich nicht klar.» Aber die Sorge des Jugendlichen kann auch in höchstem Maß berechtigt sein. Manche Eltern sind nicht bereit, den Schwerpunkt ihrer Beziehung zu verlagern, wenn die Kinder das Haus verlassen. Vielleicht haben sie schon vor langer Zeit einander als Paar verloren und nur als Eltern miteinander gelebt. Hier kann nun ein quälendes Vakuum entstehen, das von der Trauer und der Wut, verlassen zu werden, und von der Verlorenheit im Verhältnis zueinander gefüllt wird. Manchmal haben Eltern auch die unangenehme Vorahnung, daß sie weder miteinander noch ohne einander werden leben können, wenn die Kinder ausgezogen sind. Der Jugendliche wird diese Spannung unter der Oberfläche spüren.

Solange das Kind noch zu Hause lebt, scheint alles ruhig zu sein, aber unter der Oberfläche lauert schon die Vorstellung von der Katastrophe, die eintreten würde, wenn die Situation verändert würde. Manchmal gelingt es dem ältesten Kind in solch einer problematischen Familie, sich unter Gewissensqualen aus der Familie herauszuarbeiten, aber dann liegt die Last um so schwerer auf den Geschwistern, die noch zu Hause wohnen.

Man kann über eine solche «latente Katastrophe» nicht sprechen, einerseits, weil sie noch nicht eingetroffen ist, andererseits, weil es in solchen Familien überhaupt keine Möglichkeit gibt, über schwierige Dinge zu reden. Wäre das möglich, dann wäre es nie zu einer solchen Situation gekommen. Man merkt nur, daß die Spannung steigt, wann immer etwas auf einen möglichen Aufbruch des Jugendlichen hinweist. Die Lage ist oft kompliziert und verschleiert, nicht selten sind die psychischen Probleme des Jugendlichen die einzigen Hinweise auf die schwierige Situation.

Wenn die Familie nun für ihren Jugendlichen, dem es schlecht geht, Hilfe sucht, dann kann offenbar werden, daß seine Schwierigkeiten ihren Ursprung in den Spannungen innerhalb der Familie haben. Es zeigt sich dabei oft, daß die Symptome des Jugendlichen und die allgemeine Sorge die Familie zusammenhalten. Würde der Jugendliche von seinen Symptomen befreit werden, dann würde ein anderes Familienmitglied Probleme bekommen, und die Spannung würde wieder steigen. Sicherlich schaffen die Schwierigkeiten eines Jugendlichen oft Spannungen und Konflikte in einer Familie, diese Spannungen wirken jedoch keinesfalls immer zerstörerisch und trennend, sondern oft auch verbindend.

Die Lage ist besonders prekär, wenn der Jugendliche in der Familie niemals die Fähigkeit entwickeln konnte, auf eigenen Beinen zu stehen, denn dann kann man sich kaum vorstellen, daß er unabhängig sein könnte. Hängt dieses Scheitern in der Entwicklung direkt mit dem Klima in der Familie zusammen, dann muß eine Behandlung als heikel und risikoreich angesehen werden. Eine Familie nimmt nur aus schwerwiegenden und tragischen Gründen eine solche Entwicklung. So kann zum Beispiel die latente Selbstmordneigung eines Elternteils oder eine drohende Psychose durch eine derartige Familienkonstellation unter Kontrolle gehalten werden. Verändert man nun dieses Zusammenspiel, um dem Jugendlichen bessere Entwicklungsmöglichkeiten zu vermitteln, dann riskiert man, daß das Familiensystem so instabil wird, daß der Selbstmord oder die Psychose bei einem anderen Familienmitglied hervorbrechen könnte.

Schuld und Mitschuld

Es ist eine heikle Aufgabe, sich einer Familie zu nähern, die Hilfe sucht, weil ihr Jugendlicher den Alltag nicht bewältigt oder schwere psychische Symptome zeigt. Der junge Mensch funktioniert nicht und ist hinter seinen Symptomen und seiner Abwehr oft zutiefst unglücklich oder apathisch. Manchmal leugnet er die Schwierigkeiten, manchmal nicht.

Die Eltern sind erschüttert und besorgt und werden von Schuldgefühlen oder dem Gefühl der Unzulänglichkeit gequält. Nur wenig trifft Eltern so sehr ins Herz wie die Tatsache, daß es ihrem Kind schlechtgeht. Schließlich haben sie stets das unangenehme Gefühl, ihren Teil dazu beigetragen zu haben, daß die Qual noch größer wurde.

Eltern unterscheiden nicht zwischen «teilhaftig sein» und «allein schuld daran sein». Wenn jemand ein umsichtiger Autofahrer ist und ein Kind anfährt, das plötzlich hinter einem Auto auf die Straße rennt, dann ist diese Person in höchstem Maß teilhaftig, aber in moralischer Hinsicht kaum schuldig. Der Autofahrer verhielt sich so vorsichtig wie möglich und kann nicht angeklagt werden. Dennoch war er es, der das Kind verletzte, wäre er nicht dagewesen, dann wäre das Unglück nicht geschehen. Eltern können sich nach ihrem besten Vermögen angestrengt haben, aber dennoch kann es ihrem Kind schlechtgehen. Vielleicht wäre die Situation eine andere, wenn die Eltern es besser gewußt hätten, weniger gestreßt gewesen wären oder mehr Ruhe gehabt hätten. Obwohl sie intellektuell begreifen, daß auch sie als Eltern nicht alles verstehen können (und es auch nicht sollen), machen sie sich Vorwürfe, weil sie ihrem Jugendlichen nicht genügend Verständnis entgegengebracht haben. Dabei können sie durchaus teilhaftig an den Schwierigkeiten des Kindes sein, ohne jedoch die Schuld daran zu tragen.

Leider unterscheidet auch der innere *Ankläger* in den Eltern meist nicht zwischen Teilhaftigkeit und Schuld. Das macht es den Eltern schwer, das Zusammenspiel zwischen ihnen und dem Jugendlichen in der Praxis zu durchschauen, und das erschwert auch eine Veränderung. Da die Schuldgefühle so stark und immer gegenwärtig sind, bewußt oder unbewußt, können Eltern kein genaues Bild davon vermitteln, wie das Zusammenspiel in der Familie funktioniert. Die Schuldgefühle überlagern das Selbstwertgefühl.

Eltern denken meist, daß es für alle Probleme auch einen Schuldigen geben müsse. Irgend jemand muß etwas falsch gemacht haben. Die Suche nach einem Sündenbock wirft dann die Frage auf, ob es vielleicht die Schuld des Jugendlichen selbst ist. Wenn das nicht der Fall ist, dann müssen die Eltern schuld sein, wenn nicht der Vater, dann die Mutter. Nun ist es aber möglich, daß die Symptome des Jugendlichen wirklich von einer psychischen Krankheit oder zumindest von einer so starken Empfindsamkeit herrühren, daß es ihm unmöglich ist, den Alltag zu bewältigen. Und der Begriff der Krankheit hat, ob das nun stimmt oder nicht, in dieser quälenden Situation eine große Verlockung. Er erleichtert die Bürde der Schuld, denn wenn das Kind von einer Krankheit heimgesucht wurde, dann ist niemand schuld. Allerdings kann dadurch wiederum das Selbstbild des Kindes von einer Vorstellung von sich als Patient dominiert werden, was eine konstruktive innere Entwicklung behindert.

Es scheint paradox, daß man gleichzeitig teilhaftig und verantwortlich und aus moralischer Sicht ohne Schuld sein kann. Tatsächlich erwächst aus der Teilhaftigkeit an dem unglücklichen Schicksal eines anderen eine existentielle Schuld, die manchmal nur schwer von der persönlichen, faktischen Schuld zu trennen ist. So haben Überlebende einer Katastrophe Schuldgefühle gegenüber denen, die nicht überlebten, obwohl die Tatsache, daß sie am Leben blieben, überhaupt nichts damit zu tun hat, daß die anderen starben. Persönliche, wirkliche Schuld verletzt das Selbstwertgefühl, der innere *Ankläger* kann sie gegen den Betroffenen richten. Die existentielle Schuld hingegen muß nicht mit einem Angriff auf das Selbstwertgefühl verknüpft sein.

Wenn Jugendliche schwere Probleme haben, dann ist die Familie daran immer in irgendeiner Weise beteiligt.

KAPITEL 8

Gespräche mit Jugendlichen

Zunächst einmal möchte ich festhalten, daß Eltern für ihre halbwüchsigen Kinder wichtig sind. Auch für Jugendliche müssen Eltern da sein, nicht nur für kleinere Kinder. Sie sind nicht weniger wichtig, nur weil der Jugendliche sie vielleicht altmodisch, unmöglich und unwichtig findet. Eher im Gegenteil: In dem Fall sind sie sogar noch viel wichtiger, so seltsam das auch klingt. Die Abwertung der Eltern durch den Jugendlichen zeigt nur, daß dieser sich noch nicht genügend von ihnen lösen konnte. Die Eltern dürfen sich also nicht täuschen lassen und glauben, daß sie für ihr Kind weniger wichtig geworden seien, nur weil dieses sie so behandelt. Das gilt auch für andere Erwachsene, zu denen der Jugendliche einen regelmäßigen Kontakt hat, zum Beispiel seine Lehrer. Diese Überzeugung baut darauf auf, daß die Eltern bestimmte Ziele verfolgen und bestimmte Werte vermitteln wollen und daß das Verhalten des Jugendlichen keine Berechtigung findet.

Ich habe bereits beschrieben, wie man seine Beziehungen zueinander durch Sprechen und Handeln definiert. Ein richtiges Gespräch zu führen, sich hinzusetzen und über eine bestimmte Sache zu reden, ist in vielen Familien keine übliche Kommunikations- und Umgangsform. Hier will ich nicht so sehr einzelne Gespräche in ihrer Tiefe beschreiben, sondern mich an die üblichen Gesprächsformen halten. Ich gehe von der Situation in der Familie aus, meine aber, daß die Wege, mit Jugendlichen Kontakt aufzunehmen, die ich hier aufzeige, auch in anderen Situationen, wo Erwachsene mit jungen Leuten ins Gespräch kommen wollen, tauglich sind.

Was will das Gespräch

Eine einfache Mitteilung

Man kann verschiedene Formen des Austauschs zwischen Eltern und Jugendlichen unterscheiden.

Der Jugendliche teilt etwas mit: «Tschüs, ich geh' ins Kino», «Wir haben am Mittwoch einen Test», «Ich kann abwaschen».

Die Eltern sollten zu verstehen geben, daß sie die Mitteilung empfangen haben. Manchmal hört man einen Unterton mit und kann dann genauer auf die Mitteilung eingehen:

«Wir haben am Mittwoch einen Test.»
«Oh, ich hoffe, es klappt, was ist es denn?»
«Mathe, ich bin etwas nervös deswegen.»
«Kann ich dir dabei irgendwie helfen?»
«Nein, ich glaube nicht.»
«Wann ist es denn?»
«Um elf.»
«O.k., ich drücke dir die Daumen.»

Die einfache Mitteilung kann also Türen zu einem

weitergehenden Gespräch öffnen. Meist weiß der Jugendliche selbst nicht genau, was «weitergehend» bedeutet, das müssen die Eltern auffangen. Oft weiß man gar nicht, was wichtig ist, bevor man nicht angefangen hat zu reden. Manchmal hört man einen Unterton, wo gar keiner ist, oder der Jugendliche kann den Versuch der Eltern, etwas aufzufangen, gerade nicht annehmen:

«Wir haben am Mittwoch einen Test.»
«Oh, ich hoffe, es klappt, was ist es denn?»
«Mathe, glaube ich. Tschüs, ich habe es eilig.»

Wünsche, die eine Antwort verlangen

Der Jugendliche hat ein Anliegen oder einen Wunsch, der eine irgendwie geartete Antwort von den Eltern verlangt. Das kann von «Darf ich ins Kino gehen?» bis zu «Alle anderen fahren in den Osterferien ins Zeltlager, darf ich auch?» oder «Könnt ihr mir Geld leihen, mein Freund Jürgen ist so knapp bei Kasse?» gehen.

Nun gibt es durchaus Fragen, die Eltern leicht beantworten können – gutzuheißende Dinge mit einem Ja, inakzeptable Sachen mit einem Nein, vielleicht noch gefolgt von einer Erklärung, daß man es eben so in der Familie hält.

Manchmal sind die Jugendlichen auch großzügig und äußern ihren Wunsch so, daß ein Nein sich von selbst ergibt. Vor allem jüngere Halbwüchsige haben Anliegen, bei denen sie selbst unsicher sind, die sie aber ihres Stolzes wegen erfragen müssen, um ihren Platz in der Clique zu behaupten. Sie stellen ihr Anliegen oft so dar, daß es den Eltern leichtfällt, nein zu sagen. Um das

Ganze den Regeln gemäß durchzuführen, wird der Jugendliche zunächst ein wenig meckern und etwas von «nervigen Eltern» sagen, jedoch nicht so viel, daß die Eltern kalte Füße bekommen und ihre Meinung ändern. Dann kann der Jugendliche mit einigermaßen gutem Gewissen zur Clique zurückkehren und sagen: «Ich hab' gefragt, aber sie haben nein gesagt. Mein Gott, was für nervige Eltern.» Er wird bemitleidet werden, weil seine Eltern so unmöglich sind. Handelt es sich um eine Clique mit härteren Regeln, dann wird er vielleicht ein wenig verhöhnt oder aufgehetzt, seinen Eltern zu widersprechen.

Es ist wichtig, daß die Eltern die Untertöne im Protest gegen ihr Nein richtig verstehen und den Jugendlichen nicht unnötig in Schwierigkeiten bringen, indem sie ihre Meinung ändern und mit Zweifeln und gemischten Gefühlen ja sagen.

Es gibt auch die schwierigen und zweifelhaften Fälle, in denen der Jugendliche und die Eltern unterschiedlicher Ansicht sind, wo aber auch unter den Eltern keine Einigkeit herrscht. Hier gibt es keine Patentlösungen. Jede Mutter und jeder Vater muß sich zu seiner Stellungnahme vorarbeiten. Manchmal werden unangenehme Fragen zwischen den Eltern hin- und hergeschoben: «Frag Mama», «Frag doch mal Papa». Das ist durchaus in Ordnung, aber wenn ein Elternteil die Frage weitergeschoben hat, dann aber die Entscheidung des anderen nicht respektiert, entsteht eine Spannung, die niemandem Freude macht. In diesem Fall ist es besser, wenn die Eltern den Stier bei den Hörnern packen und ihre Gegensätzlichkeiten zu versöhnen versuchen.

Früher wurde immer gesagt, Eltern müßten dieselben

Ansichten haben, was die Rechte und Pflichten von Kindern angeht. Man meinte, die Welt der Kinder geriete in Unordnung und die Familie in einen Konflikt, wenn die Eltern ihre unterschiedlichen Ansichten über Erziehung offenlegten. Ich denke, daß man hier heute anderer Meinung sein kann. Wie viele Jugendliche haben sich nicht den Schädel eingerannt an einer Betonmauer von Eltern, die keine offene Diskussion mit ihren Kindern führen konnten, nur weil sie selbst sich nicht einig waren. Aber sie meinten, eine Fassade der Einigkeit aufrechterhalten zu müssen, denn «das tun gute Eltern» nun einmal. Die Kinder hingegen merken oft, daß es sehr anstrengend ist, mit dieser Einigkeit umzugehen.

Ich persönlich glaube nicht, daß es nötig ist, als Eltern immer in allen Fragen einig zu sein. Entscheidend ist, daß man den Standpunkt des anderen respektiert. Ich finde es nicht schlimm, wenn ein Jugendlicher am Wochenende um 12 Uhr nachts nach Hause kommen muß, wenn die Mutter allein und der Vater verreist ist – aber bis 2 Uhr morgens fortbleiben darf, wenn der Vater allein und die Mutter verreist ist.

Eltern sollten es sich nicht schwerer als unbedingt nötig machen. Jugendliche verlangen Erklärungen, sind aber durchaus imstande zu lernen, die Eigenheiten jedes Elternteils zu respektieren – ebenso, wie wir als Kinder lernten, daß in den unterschiedlichen Familien unserer Freunde unterschiedliche Werte galten. Natürlich stellt eine solche Ordnung sowohl Eltern als auch Jugendliche vor größere Anforderungen. Aber sie bringt auch einen Reichtum an Nuancen mit sich und lehrt alle Beteiligten, die Verschiedenheit der anderen zu respektieren – eine sehr wichtige Fähigkeit in diesem Leben. Die Frage, wie

Eltern mit verschiedenen Meinungen, den Jugendlichen betreffend, umgehen, ist nicht nur zu Hause von Bedeutung. Sie stellt sich, wann immer Erwachsene gemeinsam einen Beschluß fassen müssen, der mit Jugendlichen zu tun hat – in der Schule, im Zeltlager, in der Freizeit und so weiter. Jedes Kollektiv von Erwachsenen muß zu seinen Richtlinien finden.

Eine Mitteilung, die bekräftigt werden soll

Manchmal möchten Eltern etwas mitteilen und der Jugendliche muß eigentlich nur bestätigen, daß er die Mitteilung vernommen hat. «Ich komme heute mittag nicht nach Hause, im Kühlschrank steht Essen», «Ich leihe mir deine Handschuhe, ich kann meine nicht finden», «Der Videoapparat ist kaputt, ich bringe ihn morgen zur Reparatur».

Meist besteht die Antwort des Jugendlichen aus schwer zu deutendem Grummeln, kleinen Stöhnern oder anderen Lauten. Eher selten hört man: «Ja, liebe Mutter, du kannst gern meine Handschuhe ausleihen, ich bin froh, wenn du keine kalten Hände haben mußt.» Nun kann es meist durchaus beim Austausch von Lauten bleiben, aber ich möchte doch darauf hinweisen, daß die ausgesprochene Mitteilung keineswegs dieselbe ist, wie die aufgefaßte. Sicher haben wir alle schon einmal ein Grummeln von uns gegeben, wenn wir angesprochen wurden, als wir uns gerade auf etwas anderes Wichtiges konzentrierten. Das Grummeln war allerdings keineswegs ein Zeichen dafür, daß wir wirklich erfaßt hatten, was uns mitgeteilt wurde, vielmehr hat es vielleicht bedeutet: «Stör mich nicht.» Wenn es um etwas wichtiges geht, dann sollten die Eltern noch einmal nachhaken, so daß absolut klar ist, daß die Mitteilung auch angekommen ist. Wie das geschehen kann, bestimmt die jeweilige Situation.

Anliegen oder Wünsche an den Jugendlichen

Eltern haben oft Anliegen oder Wünsche an ihre Jugendlichen. In diesem Fall ist es wichtig zu wissen, ob eine Mitteilung auch wirklich angekommen ist. «Bist du so nett und holst das Fleisch aus der Gefriertruhe, wenn du nach Hause kommst, damit es bis zum Mittag aufgetaut ist?» Liegt das Fleisch immer noch im Kühlfach, wenn die Eltern nach Hause kommen, dann kann das daran liegen, daß der Jugendliche die Sache vergessen hat. Es kann aber auch daran liegen, daß die Mitteilung nie aufgenommen wurde. Auf eine betreffende Frage antwortet der Jugendliche vielleicht: «Das hast du nie gesagt.» Das kann heißen: «Ich habe wirklich nichts gehört» oder «Ich habe etwas gehört, habe aber nicht kapiert, worum es ging, denn ich suchte gerade nach meinem Mathebuch» oder «Jetzt wo du es sagst, fällt mir ein, daß ich etwas gehört habe, aber ich habe es vergessen. Das ist so peinlich, daß es mir lieber wäre, du hättest nichts gesagt.» Natürlich versucht der Jugendliche, sein Selbstwertgefühl zu retten. Zur Kommunikation gehören immer zwei, und es ist die Aufgabe desjenigen, der mit einem Anliegen kommt, nachzuprüfen, ob es auch aufgenommen wurde.

Eltern könnten viele berechtigte Forderungen oder Wünsche haben. Geht es um einfache Dinge, dann ist es kein Problem, diese Wünsche vorzubringen, auch wenn man bei Kleinigkeiten in Streit darüber geraten kann, wer was gesagt hat. Geht es aber um Dinge, die den Jugendlichen belasten oder provozieren, dann kann man damit rechnen, Schwierigkeiten zu bekommen.

Manche Jugendliche scheint es ungeheuer zu belasten, wenn ihre Eltern sie um etwas bitten. Es ist dann eine Frage des Wertesystems und der Familienideologie, wieviel Streit und Ermahnungen man in Kauf nimmt, wenn es um die gemeinsamen Pflichten im Haushalt geht. Es ist eine Sache, ob der Jugendliche dem Wunsch nachkommt, eine andere, ob das Anliegen auch wirklich durchgedrungen ist. Entsteht eine Kontroverse über den Wunsch (der in den Augen der Erwachsenen absolut berechtigt sein kann), weckt dieser Proteste, dann ist es besonders wichtig, darauf zu achten, in welcher Situation man was sagt.

«Kannst du Olli heute vom Kindergarten abholen, ich muß länger arbeiten», «Bitte achte doch darauf, daß dein Zimmer aufgeräumt ist, die Leute kommen heute, um den Teppich abzuholen», «Kannst du bitte den Mülleimer mit runter nehmen, er fängt sonst an zu stinken.» Um den Jugendlichen zur Mitarbeit zu bringen, muß man einige Regeln beachten. Zunächst einmal müssen die Eltern einsehen, wie es um den Widerwillen des Jugendlichen bestellt ist, sie müssen damit rechnen und sich nicht darauf versteifen, was «sich gehört». «Es gehört sich ja wohl, daß man zu Hause mithilft, zum Beispiel indem man den Müll runter bringt, das ist ja wohl nichts Besonderes.» Wie selbstverständlich die Sache auch ist, die Eltern müssen doch immer von den Voraussetzungen des Jugendlichen ausgehen. Hier heißt es nicht selten: «Bin müde», «So viel in der Schule», «Ja, ich muß nur noch schnell...», «Warum kann nicht Lars, warum immer ich?»

Es ist kein vielversprechender Anfang, wenn die Eltern schon vor dem Gespräch wütend darüber sind, daß gewisse Dinge für den Jugendlichen gar nicht selbstverständlich zu sein scheinen. Ich gehe hier davon aus, daß man den Jugendlichen nicht aus Angst, schlechter Laune oder um ihn zu unterdrücken dazu bringen möchte, eine Pflicht zu akzeptieren. Es mag zunächst ganz gut funktionieren, wenn man Jugendliche herumkommandiert, solange sie zu Hause wohnen. Es besteht dann jedoch die Gefahr, daß, wenn die Kinder von zu Hause ausgezogen sind und das Ausmaß des Kontakts zu ihren Eltern selbst bestimmen können, sie sich auf die eine oder andere Weihnachtskarte beschränken – höchstens. Man fährt als Eltern besser, wenn man eine Situation so akzeptieren kann, wie sie ist – ob sie einem nun gefällt oder nicht.

Vor allem sollte man den Jugendlichen nicht unnötig in einer Beschäftigung unterbrechen. Tut man es trotzdem, dann kann man das erwähnen: «Ich weiß, ich störe dich mitten im Computerspiel, aber ich möchte dich um etwas bitten.» Kann die Sache warten, bis der andere fertig ist, dann ist das um so besser.

Muß man den Jugendlichen um etwas bitten, wovon man weiß, daß er keine Lust dazu hat (vielleicht hat man als Eltern selbst keine Lust dazu), dann kann man auch das erwähnen: «Leider muß ich dich um etwas bitten, wovon ich weiß, daß du es nicht gern machst, aber ich brauche einfach deine Hilfe.» Hier kann man eine kleine Pause machen. Der Jugendliche muß sich erst darauf einstellen, daß jetzt etwas Unangenehmes kommt. («Verdammt, jetzt hat sie es wieder auf mich abgesehen. Kann man denn nie seine Ruhe haben?») «Ich kann Olli heute nicht vom Kindergarten abholen, denn ich muß länger arbeiten, kannst du ihn abholen?» Nun erwarten die Eltern wahrscheinlich ein Stöhnen, eine unwillige Grimasse oder ein «Muß das ausgerechnet heute sein, wo ich doch...» Die Eltern haben dann die Wahl, sich über das Verhalten des Jugendlichen aufzuregen und einige ihrer Lieblingstiraden loszulassen: «Es ist wirklich zu komisch, daß man dich nie um etwas bitten kann» oder «Du bist, verdammt noch mal, der unwilligste Mensch, der mir je untergekommen ist.» Man kann als Eltern aber auch das Stöhnen des Jugendlichen als einen Versuch auffassen, eine Plattform in sich zu finden, die es ihm möglich macht, dem Wunsch der Eltern nachzukommen. Die Eltern können versuchen: «Ja, das tut mir leid, daß es ausgerechnet heute sein muß, wo du doch...» Mit etwas Glück macht es dieses verständnisvolle Verhalten dem Jugendlichen leichter, seine innere Plattform zu finden. Vielleicht erntet man ein: «Verdammter Mist, ich will nicht... aber o.k., geht in Ordnung.»

Die zunächst abweisende Haltung ist also ein «Eröffnungsangebot» und eine Methode des Jugendlichen, sich auf etwas einzustellen, was keinen Spaß macht, dessen Notwendigkeit er aber in seinem Innern doch einsieht. Das kann Zeit und Raum brauchen, vor allem wenn der Jugendliche zu denen gehört, die einen großen «Schwenkradius» haben, wenn es darum geht, die Richtung zu ändern. Zeigen die Eltern sich völlig irritiert, dann kann ein «Also, wenn du deswegen so ein Theater machst, dann lassen wir es bleiben» alles zerstören. Vielleicht sind die Eltern durch das Verhalten des Jugendlichen so provoziert, daß es ihnen unmöglich ist, eine solche Bemerkung runterzuschlucken, bis er sich dazu durchgerungen hat, das Anliegen zu erfüllen.

Möglicherweise haben die Eltern die Erziehungsmaßnahme im Hinterkopf, daß Kinder lernen müssen zu akzeptieren, worum man sie höflich bittet – wie sollen sie sonst im Leben zurechtkommen? Ich kann versichern, daß hier nicht die richtige Gelegenheit für diese Art der Pädagogik ist. Der Jugendliche, der sich mit viel Mühe überwunden hat, um endlich das Anliegen der Eltern akzeptieren zu können, wird sich abgewiesen, gekränkt, wütend, verletzt, traurig und verbittert fühlen, wenn man ihm so begegnet.

Es gibt noch andere Situationen, in denen Eltern und Kinder miteinander ins Gespräch kommen müssen, zum Beispiel, wenn gemeinsame Beschlüsse gefaßt, Pläne gemacht oder Konflikte gelöst werden müssen. In diesen kommen die oben genannten Prinzipien, je nach Schwierigkeitsgrad der behandelten Fragen, zum Tragen. Je schwieriger die Frage, desto wichtiger ist es, daß die Diskussion in einem möglichst günstigen Moment begonnen wird. Hat man sich gestritten, hat es von beiden Seiten harte Worte gegeben, ist eine Tür geknallt worden oder hat jemand auf den Boden gestampft, dann ist es wichtig, daß die Gefühle erst abkühlen können, bevor die Frage zur Diskussion oder Klärung kommt. Die Eltern von Jugendlichen müssen diplomatisch sein, auch wenn ihnen das gegen den Strich geht.

Die Beispiele, mit deren Hilfe ich versucht habe, meine Gedanken zur Kommunikation mit Jugendlichen zu illustrieren, sind mehr etwas für die Hinterhand, wenn mal etwas schiefgeht, was meiner Erfahrung nach in einer Familie mit Jugendlichen oft der Fall ist. Meine Wege sollen aber nicht in einer Atmosphäre des «Nun zeigen wir dem mal, was eine Harke ist» beschritten werden. Aber sie sollen auch nicht mit bittstellerischen, unterwürfigen Gesten und Worten gewählt werden, denn das bedeutet nur eine selbstverachtende Haltung bei den Eltern und bringt mit sich, daß der Jugendliche durch die Schuldgefühle, die in ihm erzeugt werden, gesteuert wird. Der Jugendliche lernt, daß Aggressivität gefährlich oder zumindest sehr unbehaglich ist.

Es wird das Familienleben deutlich erleichtern, wenn Eltern ein Gefühl dafür entwickeln, wann der Jugendliche einem Gespräch zugänglich ist. Die Gelegenheiten zum Gespräch müssen oft «im Flug» eingefangen werden. Manchmal möchte auch der Jugendliche ein Gespräch beginnen, wenn es den Eltern gerade nicht paßt. Ich persönlich bin der Ansicht, daß es von Vorteil ist, wenn man sich als Eltern anpassen und den nötigen Raum für einen Austausch schaffen kann, denn diese Gelegenheiten, wenn der Jugendliche von sich aus ein Gespräch beginnen möchte, können sich als sehr bedeutungsvoll erweisen.

Erfahrungen aus Gesprächen mit Jugendlichen

Vielleicht habe ich jetzt den Eindruck vermittelt, daß der Umgang mit Jugendlichen immer beschwerlich ist. Das ist überhaupt nicht der Fall. Jugendliche können herrlich zugänglich sein und gern von dem berichten, was sie erlebt haben. Sie erfragen die Meinung und den Rat der Eltern und wenden ihn gut an. Dann kann man nur dankbar sein und sich freuen.

Vielleicht habe ich auch den Eindruck vermittelt, als wenn es nur die Kritik oder die abwertenden Ansichten des Jugendlichen seien, aus denen die Eltern lernen können. Auch das ist nicht der Fall. Jugendliche machen ihre Erfahrungen mit Situationen, in die die Eltern während ihres Lebens noch nicht versetzt waren und die sie gern teilen – Eindrücke von Reisen, neue Fertigkeiten aus der Schule und vieles mehr, womit die Eltern bisher noch nicht in Kontakt gekommen sind.

Vertrauensvolle Gespräche zwischen Eltern und Kindern sind für beide Teile ungeheuer wichtig. Die Eltern erhalten dabei die Gelegenheit, an dem Leben ihres Kindes teilzunehmen und es kennenzulernen, der Jugendliche erfährt, daß es für ihn Unterstützung und Interesse gibt. Beide Partner können geben und nehmen. Nicht selten haben Jugendliche ein großes Bedürfnis zu reden, nicht nur über Probleme, sondern auch von den guten Dingen, die ihnen begegnet sind. Lustige Begebenheiten oder solche, in denen der Jugendliche ermuntert oder gelobt wurde, wo er etwas geschafft hat oder etwas Neues kennenlernte, müssen immer und immer wieder beschrieben und neu durchlebt werden. So übernimmt der Jugendliche Schritt für Schritt das positive Bild von sich selbst, das andere wichtige Personen ihm vermitteln. Es muß gedreht und gewendet werden, bis es zu einer Facette des Selbstwertgefühls wird und dem inneren *Lobenden* Nahrung gibt, der ansonsten leider nur ein bedauernswert kurzes Gedächtnis aufweist, was Erfolge und positive Handlungen angeht.

Gespräche zwischen Eltern und Jugendlichen können

sich auch um existentielle Fragen, Politik und persönliche Werte drehen. Hier besteht viel Gelegenheit zum gegenseitigen Austausch. Natürlich sollen nicht alle Gespräche mit Jugendlichen bestimmte Strategien oder Verhandlungen verfolgen, sondern einfach auch ein Meinungsaustausch sein, bei dem beide Partner von ihren Erfahrungen berichten und wichtige persönliche Fragen behandeln.

Geht es um ernste Themen, sind Eltern oft über die Gedankengänge von Jugendlichen erschrocken, die manchmal engstirnig, rassistisch, egoistisch, intolerant oder unverschämt wirken. Es gibt unterschiedliche Möglichkeiten, darauf zu reagieren. Eine Sache sollte man jedoch im Gedächtnis haben: Die Ansichten, die Jugendliche in der Diskussion mit den Eltern vertreten, sind nicht als «letztes Gebot» zu verstehen, auch wenn die Sicherheit, mit der sie verkündet werden, das glauben machen soll. Oft kann man feststellen, daß Jugendliche, wenn sie mit ihren Freunden Dinge diskutieren, die kurz zuvor das Thema im Gespräch mit den Eltern waren, deren Ansichten übernehmen. Die können durchaus diametral entgegengesetzt sein zu dem, was der Jugendliche den Eltern gegenüber vehement vertreten hatte. Argumente werden ausgeliehen, erprobt, verändert, verworfen.

Wenn sich Eltern ernsthaft Sorgen wegen der Ansichten ihres Kindes machen, dann gewinnen sie ein besseres Bild, indem sie sich auf das Verhalten des Jugendlichen konzentrieren. Vielleicht hat er sehr provozierende Ansichten gegenüber Ausländern, verhält sich in der Praxis aber durchaus tolerant oder sogar betont ausländerfreundlich.

Auch wenn Jugendliche offen von Erfahrungen und

Erlebnissen berichten, haben sie es schwer, sich selbst einzuschätzen und in Frage zu stellen oder ihre Teilhaftigkeit an einer Situation, die schiefgegangen ist, zu erkennen. Das hängt damit zusammen, daß der Ankläger in ihnen sehr leicht zu aktivieren ist und daß ihre Unsicherheit darüber, inwieweit ihre Verhaltensweise der Erwachsenenwelt angepaßt ist, ihr Selbstwertgefühl schwächt. Es ist für sie natürlicher, Ausreden oder Lügen zu erfinden, als einen Fehler einzugestehen. Diese Einstellung verschwindet mit der Zeit, wenn das Selbstwertgefühl widerstandsfähiger geworden ist.

Jugendliche und Erwachsene außerhalb der Familie

In diesem Buch ist es bisher um Jugendliche, die Familie und in mancher Hinsicht auch um die Gleichaltrigen des Jugendlichen gegangen. Ein Kind erweitert während seiner Entwicklung nach und nach seine Kontakte außerhalb der Familie und hat unter Umständen ein großes Kontaktnetz. Ich bin der Ansicht, daß diese Kontakte – Verwandte, Freunde, Schulkameraden, Arbeitskollegen und andere – wichtig sind, manchmal sogar sehr wichtig. Und ich hoffe, daß möglichst viel von dem, was ich gesagt habe, für jeden Erwachsenen, der eine wichtige Rolle im Leben eines Jugendlichen spielt, anwendbar ist.

In der Kindheit des Jugendlichen sind in unterschiedlichem Maß Verwandte mit dem Leben der Familie verflochten gewesen. Onkel und Tanten, Großeltern, Cousinen und Cousins, sie alle waren Teil der erweiterten Familie. Den Jugendlichen verbindet mit vielen dieser Verwandten eine Geschichte – sie waren Babysitter, «Sommereltern» oder Hilfe für Alleinerziehende. Während der Pubertät verändert sich auch das Verhältnis zu Verwandten auf der inneren wie der äußeren Ebene.

Manchmal erhalten Jugendliche auch noch neue Verwandte dazu, wenn die Eltern geschieden oder alleinerziehend sind und nun einen neuen Partner mit eigenen Kindern finden. Da sind dann plötzlich neue «Geschwister», Großeltern, Onkel und Tanten, zu denen sie ein Verhältnis entwickeln müssen. Das kann seine Zeit brauchen, und der Prozeß der allmählichen Zusammenführung zweier bisher separat funktionierender Familiensysteme stößt nicht selten auf Widerstand, nicht zuletzt von seiten der Jugendlichen. Die Kommunikation zwischen dem Halbwüchsigen und dem neuen Partner oder dem Elternteil selbst gestaltet sich in dieser Phase oft schwierig. Der Jugendliche benötigt viel Zeit, um sich an die neue Situation zu gewöhnen, während die Eltern oft ungeduldig sind und sich in einen Loyalitätskonflikt versetzt fühlen, der sie zwischen dem neuen Partner und dem eigenen Kind hin- und herreißt. Nehmen sich die Familienmitglieder der neuen Stieffamilie die Zeit, die nötig ist, um eine gut funktionierende Kommunikation aufzubauen, dann wird der Jugendliche auf lange Sicht durch ein neues, stark differenziertes Netzwerk bereichert werden, aus dem wertvolle, vielleicht lebenslang andauernde Kontakte entstehen.

Haben Kinder und Jugendliche psychische Probleme, dann zeigt sich oft, daß der Kontakt zwischen den verschiedenen Teilen des familiären Netzwerks unzureichend ist. Der Kinderpsychiater Lennart Svedhem beschreibt gemeinsam mit seinen Mitarbeitern in dem

Buch *Nätverksterapi* («Netzwerktherapie»), wie man eine Behandlung aufbaut, die die ganze Familie und ihr Netzwerk einschließt.

Neben Eltern und Verwandten können viele andere Erwachsene für die Jugendlichen eine wichtige Rolle spielen: Lehrer, Sporttrainer, Sozialarbeiter, Polizeibeamte, Gesundheitspersonal, Psychologen und viele mehr. Ich meine, daß die Vorstellungen, wie Eltern mit ihren Jugendlichen umgehen sollten, auch für diese Personen anwendbar sind. Jugendliche pflegen ein für das Alter typisches Mißtrauen gegen Erwachsene als Autoritäten, was das Zusammenspiel mit ihnen stark beeinträchtigt.

Natürlich gibt es wichtige Unterschiede zwischen Eltern und den Vertretern gesellschaftlicher Institutionen, denn nur in wenigen Beziehungen gibt es denselben Grad gegenseitiger Abhängigkeit wie zwischen Eltern und Jugendlichen. Es können jedoch alle, zu denen der Jugendliche eine Abhängigkeitsbeziehung hat, damit rechnen, daß der Kontakt etwas von dem Kraftfeld erhält, das um den Jugendlichen herum in seiner Familie existiert. Darüber hinaus antworten Jugendliche in ihrem Verhalten gegenüber Erwachsenen meist auf Erfahrungen, die sie früher mit anderen Erwachsenen gemacht haben, und vor allem auf Erfahrungen mit den Eltern oder elterlichen Figuren. Diese Verhaltensweisen sind in hohem Maß geprägt von Zugänglichkeit oder Mißtrauen, von Opposition oder der Lust an Zusammenarbeit. Junge Menschen möchten nicht herumkommandiert, kontrolliert oder von Erwachsenen überbeschützt werden. Auf der anderen Seite sind sie tatsächlich nicht nur von ihren Eltern abhängig, sondern auch von anderen Erwachsenen.

Vier Denkebenen im Umgang mit problematischen Jugendlichen

Wenn man versucht, mit Jugendlichen, die Probleme haben, oder solchen, die sich provozierend oder problematisch verhalten, ins Gespräch zu kommen, ist es sinnvoll, den Jugendlichen quasi aus verschiedenen Perspektiven zu betrachten. Sieht man einmal von solch allgemeinen Umständen wie Familienbeziehungen, Freunden, Schulsituationen und ähnlichem ab, kann man mindestens vier Perspektiven oder Ebenen feststellen:

1. Der Blick auf Symptome und Beschwerden, die den Jugendlichen und/oder seine Umgebung beunruhigen. Er schwänzt die Schule, hat Eßprobleme oder weist ein zwangsgesteuertes Verhalten auf. In seinem Innern ist er niedergeschlagen, ängstlich, hegt Zwangsgedanken und Selbstmordgedanken.
2. Der Blick auf persönliche Trauer, die der Jugendliche neben den Symptomen oder dem symptomatischen Verhalten erlebt hat. Dieses Verhalten habe ich in Kapitel 7 beschrieben.
3. Der Blick auf das Verhalten des Jugendlichen gegenüber allen Personen, um die seine Trauer kreist: den Ersehnten, den Rivalen, den Unerreichbaren, Freunde, Eltern, Lehrer.
4. Der Blick auf die innere Bühne des Jugendlichen, auf der sich das Zusammenspiel zwischen *Ankläger, Lobendem, Tröster* und *Wegweiser* abspielt. Diese Perspektive ist für den Jugendlichen selbst nicht erlebbar. Als Außenstehender kann man auch nur indirekt raten, was auf der inneren Bühne geschieht,

aber alles, was auf den übrigen Ebenen zu sehen ist, gibt Hinweise darauf. Hier wird die Gefühls- und Stimmungslage des Jugendlichen geprägt, die ihrerseits sein Verhalten in unterschiedlichen Situationen und das Erleben von Trauer und Problemen, die ihn beschäftigen, beeinflußt.

Diese vierte Ebene wird selten systematisch behandelt, wenn man mit Jugendlichen spricht, denn das kann nur in Psychotherapien oder in vertraulichen Gesprächen geschehen. Da ist es hilfreich, wenn man die zentralen Entwicklungsaufgaben von Jugendlichen kennt und weiß, mit welchem grundsätzlichen Dilemma sie hinter ihrer vordergründigen Trauer kämpfen. Dabei darf man nicht vergessen, daß die vierte Ebene hinter der dritten operiert, wo die bewußt gewordenen Probleme und Sorgen zum Ausdruck kommen. Diese Sorgen können eher im vertraulichen Gespräch mit Erwachsenen oder Freunden zur Sprache kommen.

Will man mit Jugendlichen ins Gespräch kommen, dann sollte man sich klarmachen, wie der Jugendliche einen selbst in der Funktion, die man hat, sieht. Fällt es schwer, das zu tun, dann kann man es dadurch versuchen, daß man sich erinnert, wie man selbst als Jugendlicher zu Lehrern, Polizeibeamten, Ärzten, Psychologen und so weiter stand.

Es ist wichtig klarzustellen, was der Anlaß für den Kontakt mit dem Jugendlichen ist. Will der Jugendliche etwas von mir, oder bin ich es, der etwas von ihm will? Oder geht es um gegenseitige Bedürfnisse?

Der Anlaß des Gesprächs steuert die Motivation des Jugendlichen. Ist er zum Gespräch gebeten worden, weil er provozierend aufgetreten ist, dann ist klar, daß er auf der Hut sein wird, weil er sich gegen seinen Willen und als Angeklagter zum Gespräch gezwungen sieht. Findet das Gespräch unter diesen Voraussetzungen statt, dann sollte man überlegen, ob der Jugendliche einen anders gearteten Anlaß finden könnte, einem zu vertrauen. Hat der Jugendliche selbst die Initiative zum Kontakt ergriffen, dann ist die Situation eine andere. Möglicherweise ist es aber mit der Freiwilligkeit nicht weit her. Hinter einem scheinbar freiwilligen Kontakt können andere Druckmittel liegen. Auf der anderen Seite kann es hinter der Fassade eines Jugendlichen, der «geschickt» wurde, durchaus eine Kontaktbereitschaft geben, die man unbedingt auffangen sollte.

Ich möchte zum Schluß ein kleines Bild von einem psychotherapeutischen Kontakt mit einem Jugendlichen wiedergeben, das den Konflikt der Heranwachsenden in ihrem Bedürfnis nach Selbständigkeit und zugleich Kontrolliertwerden plastisch zeigt:

Der siebzehnjährige Junge war zu Beginn der Behandlung in eine psychiatrische Klinik für Kinder und Jugendliche eingewiesen worden. Er war deprimiert und hatte zu Hause Aggressionsausbrüche gehabt. Ihm war eine Gesprächstherapie angeboten worden, und er hatte eingewilligt, mit mir zu reden. Nach einigen Monaten konnte er die Klinik verlassen, aber wir trafen uns weiterhin zum Gespräch. Wenn Zeit für das Gespräch war, saß er im Wartezimmer. Er klingelte nicht an meiner Tür, die Routine schrieb vor, daß ich hinausgehen sollte, um ihn zu holen. Er sah immer etwas erstaunt aus, wenn ich kam, als wollte er sagen: «Welch ein lustiger Zufall.» Ich sagte: «Willst du hereinkommen?» Er zögerte dann immer ein wenig und sagte schließlich: «O.k.» Dann sprachen wir 45 Minuten über seine Schwierigkeiten. Wenn die Zeit abgelaufen war, sagte ich: «Willst du noch länger reden?«, worauf er antwortete: «Nein, für heute genügt es.» Dann erhob er sich und ging zur Tür. Ich fragte dann: «Sollen wir einen neuen Termin ausmachen, oder willst du mich anrufen?» Nach einigem Zögern sagte er: «Wir können ja schon mal einen Termin ausmachen, ich schaue dann, ob ich kommen kann.» Dann blätterte ich in meinem Kalender und fragte: «Wie wäre es nächsten Dienstag um 13 Uhr, geht das bei dir?» Er sagte dann: «Wahrscheinlich.» Dann gaben wir uns die Hand und trennten uns. Wir haben uns mehrere Jahre lang am selben Wochentag um dieselbe Zeit getroffen. Er war pünktlich wie eine Uhr. Als die Therapie weiter fortgeschritten war, konnten wir über dieses Ritual sprechen. Er erzählte, etwas amüsiert, daß es sehr wichtig für ihn war, das Gefühl zu haben, daß er alles bestimmte und daß ihm auch in keinem Moment etwas aufgezwungen wurde. Er wollte sich nicht eingesperrt fühlen müssen, denn dann wollte er nur noch um sich schlagen. Er erzählte auch, daß er von seinem Vater zum Gehorsam gezwungen worden sei und deshalb gegenüber jeglicher Kontrolle und jedem Kommando von ihm überempfindlich war. Er konnte sich erinnern, wie ängstlich er war, daß ich ihn nicht verstehen, sondern zu irgend etwas zwingen könnte. Dann hätte er den Kontakt abbrechen müssen, den er doch so dringend brauchte.

Vielleicht war dieser Junge wirklich extrem empfindlich, wenn es um das Maß an Selbstbestimmung ging. Dennoch zeigt sein Verhalten ein grundsätzliches Dilemma, in dem sich Jugendliche befinden, nämlich den Konflikt zwischen dem Wunsch nach Selbständigkeit und dem Wunsch nach Abhängigkeit. In der Pubertät ist dieser Konflikt besonders zugespitzt, er ist aber im Grunde eine Herausforderung, der wir alle uns während unseres ganzen Lebens immer wieder stellen müssen.

Wir alle durchleben eine Zeit der Pubertät, aber es wäre unklug zu glauben, daß wir damit sämtliche Probleme ein für allemal gelöst hätten. Für den Rest unseres Lebens wohnt vielmehr ein Jugendlicher in uns, der sehr leicht geweckt werden kann. Dafür sollten wir dankbar sein, denn wir ziehen daraus unsere Vitalität und unsere Neugier. So gesehen gilt das, was man über den Umgang mit Jugendlichen lernen kann, vor allem aber, wie man vermeiden kann, sie unnötig zu kränken, immer auch im Zusammenleben zwischen Erwachsenen.

Literatur

Elkind, David: Total verwirrt. Teenager in der Krise. Kabel Verlag, Hamburg 1990

Erikson, Erik Homburger: Jugend und Krise. Verlag Klett-Cotta, Stuttgart ³1980

Kaplan, Louise: Abschied von der Kindheit. Verlag Klett-Cotta, Stuttgart 1993

Stern, Daniel: Tagebuch eines Babys. Piper Verlag, München 1991